读客悬疑文库

认准读客读悬疑，本本都是大师级。

どうぞ。
推理することは、
万人に与えられた権利です。
请便。推理是每个人都享有的权利。

——大山誠一郎

全员嫌疑人

[日]大山诚一郎 著　　曹逸冰 译

河南文艺出版社
· 郑州 ·

中文版权 © 2021 读客文化股份有限公司

经授权，读客文化股份有限公司拥有本书的中文（简体）版权

豫著许可备字-2021-A-0100

图书在版编目（CIP）数据

全员嫌疑人 /（日）大山诚一郎著；曹逸冰译 . ——

郑州：河南文艺出版社，2021.10（2023.12 重印）

ISBN 978-7-5559-1205-7

Ⅰ . ①全… Ⅱ . ①大… ②曹… Ⅲ . ①推理小说 – 小

说集 – 日本 – 现代 Ⅳ . ① I313.45

中国版本图书馆 CIP 数据核字（2021）第 170641 号

全员嫌疑人

著　　者	［日］大山诚一郎
译　　者	曹逸冰
责任编辑	王　宁
责任校对	丁　香
特约编辑	宋　琰　　王　品
策　　划	读客文化
版　　权	读客文化
封面设计	李子琪
出版发行	河南文艺出版社
印　　刷	三河市龙大印装有限公司
开　　本	890mm × 1270mm 1/32
印　　张	6.75
字　　数	168 千
版　　次	2021 年 10 月第 1 版　2023 年 12 月第 8 次印刷
定　　价	42.00 元

如有印刷、装订质量问题，请致电 010-87681002（免费更换，邮寄到付）

大山誠一郎

ワトソン力
りょく

WATSON RYOKU

OYAMA SEIICHIRO

目 录
CONTENTS

引 子

"为圆满破案，干杯！"

"干杯！"

组长一声高呼，下属们齐声附和，举起酒杯。众人各自喝了一口，又放下酒杯，鼓起掌来。

每个人脸上都浮现出欣慰和释然的神情。

组长走到每位下属身边，拍了拍他们的肩膀，表示鼓励。资历最浅、坐在末席的和户宋志[1]也被表扬了一番。

"呃，其实我也没做什么……"和户回答道。

"别谦虚嘛！"组长说，"也不知道是怎么回事，只要有你在，大伙儿总能想出好主意。不瞒你说，每次碰到你请假的日子啊，搜查会议都讨论不出什么结果呢。"

你们可能是被我的"华生力"影响了……和户在心里嘟囔道。当然，他没把这话说出口。要是说了，大家肯定会觉得他疯了。

---

[1] 主角名字的日语发音为 "Wato Sōji"，与《福尔摩斯探案集》中福尔摩斯的搭档华生名字的日语发音 "Watoson" 非常相似。——译者注（本书如无特殊说明，均为译者注）

然后，和户醒了。

混凝土浇筑的天花板映入眼帘，装在天花板上的日光灯发出亮光。

陌生的天花板。这既不是自家的天花板，也不是办案时暂住的片区警署礼堂那高高的天花板。

和户心想：啊……原来我刚才是在做梦，梦见了三组每次破案后必搞的聚餐。

他起身一看，身下是一张床。

这是一间八张榻榻米大的房间。墙壁、地面和天花板都是混凝土的，没有一扇窗户，门倒有两扇。房间的一角装着水龙头和水槽，除此之外别无家具，看起来空空荡荡。天花板的角落里有一处通风口。

这是什么地方？一月二十日晚上八点多走夜路下班回家，是他能回忆起来的最后一个场景。他还记得从身后驶来的一辆面包车缓缓超过了自己，又在前方十米左右的路沿靠左停下。从面包车旁边经过时，他听到了开门的声音。脚步声不断向他靠近。说时迟那时快，噼里啪啦的响声传来，脖子一阵疼痛——再次睁眼时，自己已经在这儿了。

他把手伸向脖子，摸到了一小块疑似被烫伤的皮肤。结合那噼里啪啦的声响，自己十有八九是被电击枪电晕了。市面上的电击枪威力不大，嫌疑人使用的可能是经过非法改造的产品。嫌疑人下车后立即电晕了和户，把他抬进车里带到了这里。

和户发现，自己还穿着西装。大衣就放在床边，但他随身携带的公文包不见了踪影。原本塞在胸前口袋里的智能手机和左手腕上的手表也都不见了。

他下床查看情况，打开其中一扇门，原来门后是一间狭小的洗手间。

他试图打开另一扇门，但那扇门被锁住了。他用力砸门，大喊："来人啊！开开门啊！"可无论他怎么敲，怎么喊，门都纹丝不动。渐渐地，手砸疼了，嗓子也喊疼了。和户只得一头栽倒在床上。

就在这时，他灵光一闪——这地方会不会是地下的防核战掩体啊？墙体都是混凝土的，一扇窗户都没有，还配备了水龙头、水槽和洗手间，这几点都能从侧面印证他的猜想。

他还在床底下找到了一个纸板箱。打开一看，里面有三十盒能量棒、十瓶两升装的矿泉水和一包纸杯。嫌疑人是想让他在这里待上几天吗？

刚才的那通大喊让和户口渴难耐。百般犹豫后，他决定喝些矿泉水。拧瓶盖的时候有开封的阻力，应该不用担心中毒的问题。他把矿泉水倒进纸杯，喝了几口，心情才稍稍平静了一些。

假如这里真是防核战掩体，那他又为什么会被关在这里呢？

莫非他身为搜查一课[1]的探员，在查案的过程中得罪了案件的相关人员？可他明明是组里最不起眼的一个，招人记恨的可能性实在很低。

现在几点了？这里一扇窗户都没有，手机和手表也被拿走了，无法判断时间。记忆中最后一幕"下班回家"恐怕已经是半天前的事情了，这会儿十有八九已经是第二天中午了。如果真是这样的话，搜查一课的同事和上司肯定知道他没去上班了，应该已经起了疑心。他们可能给和户的手机和家里的座机打了好几通电话，却无人接听，于是直接找上门去。到时候，他们就会发现和户失踪了，立即开展调查。

问题是，就算警方启动了调查，大概也很难锁定和户的位置。

要是这间屋子里还有其他人就好了……和户心想。要是有其他

1　搜查一课，隶属于日本警视厅刑事部，专门负责侦查严重案件，包括杀人、抢劫、强奸、绑架或纵火等罪行。

人在，那人也许能帮忙——借助因和户的特异功能而提升的推理能力——推理出这是什么地方，自己又为何会被囚禁在这里。

小学五年级那年，和户清楚地意识到，自己有一种异乎寻常的奇妙能力。

事情要从猜谜大赛说起——和户所在的班级决定办一场猜谜大赛联络感情。大赛以团队对抗的形式举行，全班同学分为五支小队。和户所在的小队可谓高手云集，在模拟赛中拿到了第一名的好成绩，尽管和户本人是一题都没答出来。谁知在大赛当天，另一队有两位同学请假没来，于是和户就被临时调了过去。比赛中，他依然是一题都没答出，可他所在的队伍竟一举夺魁。要知道，那队的模拟赛成绩可是垫底的。队友们也是一副难以置信的神情，直呼"今天脑子转得特别快"。

和户本以为这只是巧合，但他后来想起，类似的事情已经发生过好几次了。经过思考，他得出了一个惊人的结论：

和户宋志在遇到不解之谜时会下意识地发动特异功能，作用于一定范围内的人，大幅地提升他们的推理能力（当然，他当时还是个五年级的小朋友，所以定义的表述要更简单一些）。经过仔细观察，他发现特异功能的作用范围是以他为中心的圆，半径为两米左右。

这到底是什么能力呢？他在图书馆查阅了各种资料，却找不到任何关于这种特异功能的介绍，到头来也没查出个结果。如果他告诉别人自己有这样的能力，肯定会被认为脑子出了问题，所以他也没法跟父母、老师和朋友商量。

不过，他怀疑有一个人也拥有这种能力。那个人并不存在于现实之中，而存在于小说世界里。

那段时间，和户沉迷于夏洛克·福尔摩斯的故事，无法自拔。福尔摩斯总是让好友华生跟他一起查案。同住贝克街221B的时候也就罢了，可华生结婚搬走之后，他们还是形影不离。大家都觉得，这是出于友情，要么就是福尔摩斯性格古怪，需要懂得人情世故的华生坐镇。可会不会是"只要有华生在身边，福尔摩斯的推理能力就能大大增强"呢？也许华生本人并不擅长推理，但他有特异功能，可以提高周围人的推理能力。也许福尔摩斯察觉到了这一点，所以查案的时候总是带着华生。

于是，和户决定把自己的特异功能命名为"华生力"。

随着年龄的增长，华生力的作用范围逐渐扩大。上小学五年级的时候（也就是他清楚认识到自己有华生力的时候），华生力的有效半径还只有两米左右，后来逐步发展到三米、四米……到他成年的时候，有效半径已经达到了二十米。华生力的作用应该是辐射状的，所以，准确地说，作用范围是半径约二十米的球形。

和户在学校里一直非常受欢迎。大家都说"只要有你在，干什么都很顺利"。这当然是因为华生力。可惜和户无法亲身体会华生力对推理能力有多大的提升，不过根据朋友们的表述，这种力量似乎让他们的头脑灵敏到了前所未有的地步。一位朋友说，那感觉就好像视力突然飙到了2.0。另一位朋友说，那感觉就像滂沱大雨在一瞬间变成了万里无云的晴天。

在华生力的作用下，表现抢眼的永远都是和户身边的人，他自己则是默默无闻，得不到丝毫关注。但他乐于做一个幕后英雄。"华生力"这个名称绝不是在贬低华生，说华生不如福尔摩斯厉害。寄托在这三个字上的，是助力福尔摩斯的骄傲与自豪。

上了大学，开始找工作的时候，和户产生了一个想法：找一份能发挥特异功能的工作。华生力能提高旁人的推理能力，这就意味着他必须从事"推理起到重要作用"的工作。

他最先想到的就是警察，而且还得是搜查一课。于是，他参加了考试，如愿考上了警视厅。

当然，他不可能刚入职就被分配到自己想去的部门。必须先去警校接受培训，再去基层派出所积累经验，表现出色才能调去心仪的岗位。

和户在入职警视厅的第二年（当时他任职于奥多摩派出所）遇到了一起发生在雪中工地的"不可能犯罪"。当时，他发动了华生力，帮助一名案件相关人员破了案。和户把这件事告诉了赶到现场的搜查一课探员。可不知为何，探员们误以为破案的是和户，对他交口称赞。和户也因此被调往搜查一课，实现了夙愿。

从此以后，每当他作为搜查一课的探员前去调查案件时，华生力都会被激活。不过，受影响的不再是案件的相关人员，而是他身边的同事，所以即便有人推理出了真相，也没人会把功劳错安在他的头上，成绩都归做出推理的同事所有。多亏了和户，他所在的搜查一课第二强行犯搜查三组的破案率达到了前所未有的百分之百，在警视厅内部自不用论，在全国各地的县级警察本部都是无人不知、无人不晓。甚至有说法称"一个三组的探员顶别家一整个组"。和户似乎是组里唯一没有取得任何成就的平庸之辈，可也不知道为什么，只要有他在，同事们的头脑就会异常清晰，所以三组还是留下了他。

即便在不当班的时候，和户的特异功能也会以离奇的方式发挥作用。他曾多次在外出或旅行期间遭遇"暴风雪山庄"状态下的案件，因此发动华生力，作用于相关人员，引发一场推理大比拼。不等警方抵达案发现场，案子就水落石出了（尽管其中一起案件用不着警方出马）。

对了！和户心想，作为搜查一课的探员参与调查的时候，我应该是不会招人记恨的，但那些"暴风雪山庄"模式的案件呢？

让我回忆一下……和户环视着没有一扇窗户的房间，暗暗思忖。此时此刻，思考成了他唯一能做的事。

和户闭上眼睛，开始回忆自己不当班的时候遭遇的那些案件。

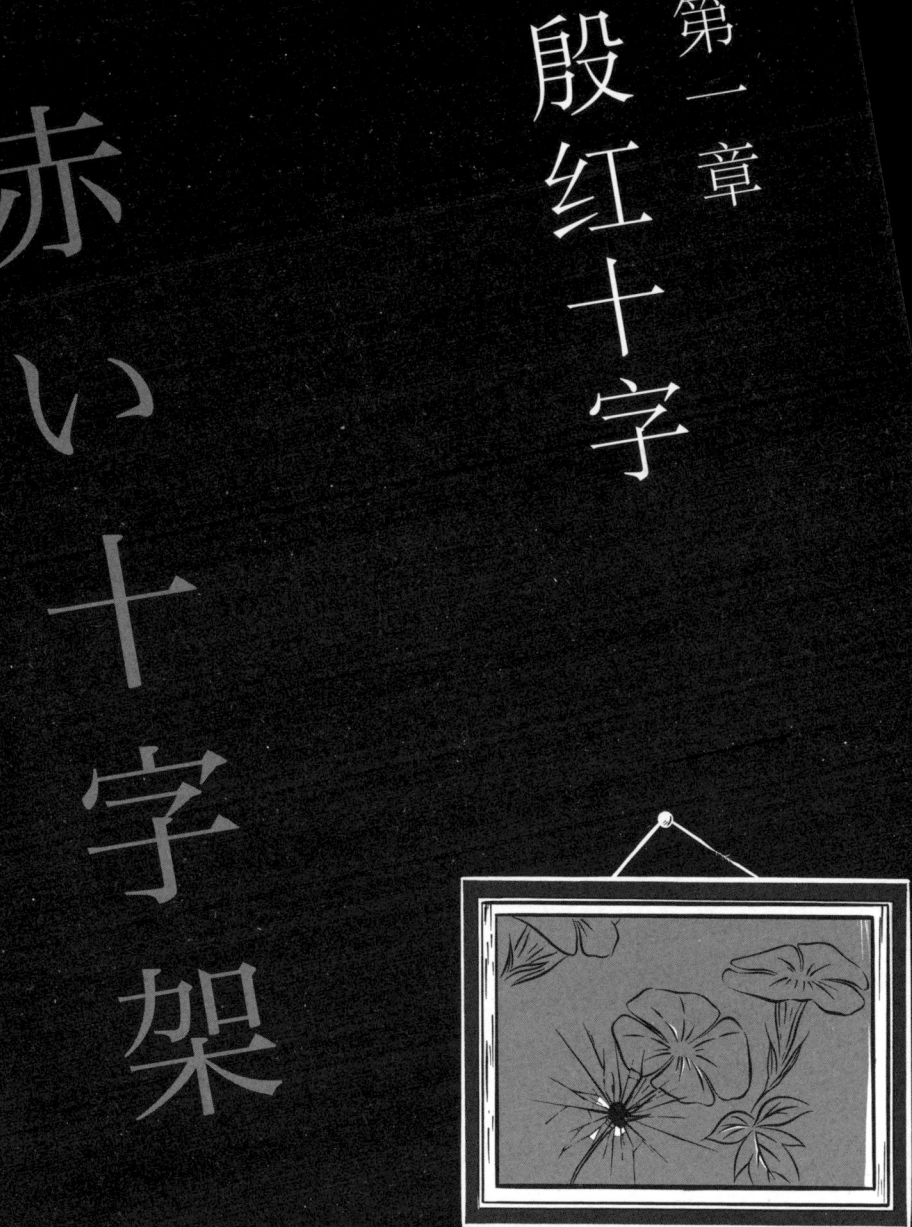

第一章 殷红十字

赤い十字架

赤い十字架

1

　　和户宋志走进餐厅的时候，片濑亚美正坐在窗边的餐桌旁，一脸的不痛快。

　　"早安。"和户打了声招呼。亚美冷冷地回了一句："早。"她大概是奔三的年纪，留着超短发，长相还算漂亮，不过眼神犀利，气势逼人，直教人联想到豹子。

　　餐厅里有四张餐桌。墙上挂着一幅凤仙花的画。和户住的客房挂着一幅玫瑰花的画，笔触同样细腻，可见出自同一位画家之手。昨天用晚餐的时候，和户提起了这件事。正在为客人上菜的老板海江田显得很不好意思，说道："其实那都是我画的。"据说每间客房都挂着他画的油画，主题都是花。只有海江田房里那幅画的是海景，因为他的名字里带个"海"字。老板满脸胡子，怎么看怎么像山野汉子，所以来用晚餐的客人都发出了惊呼，没想到老板会有那样的爱好。

　　和户问亚美："可以和您拼桌吗？"亚美淡淡地回道："请便。"

　　望向窗外，处处银装素裹。和户说道："好一个白色圣诞节。"亚美却用不耐烦的语气说道：

"管它是白色圣诞节还是黑色圣诞节呢。"

"怎么了？"

"快八点了，可老板和他妹妹都不见人影，怎么叫都没人应。我去厨房看过了，早餐还完全没准备呢。"

"那就奇怪了……"

和户去餐厅隔壁的厨房看了看，果然如亚美所说，厨房里空无一人，餐食似乎也没备好。

"海江田老板跟敏子女士总不会都睡过头了吧……也许是突然犯了什么病，动不了了。要不，去他们屋里看看？"

亚美点点头，敏捷地站起身来。两人刚走出餐厅，就遇到了沿走廊而来的两个男人。

"早上好。"

高瘦的男人打着哈欠说道。他叫帚木晋平，三十出头的年纪，看起来一副难以捉摸的样子。

和户说明情况后，另一个男人说道："我也一起去。"

他叫来栖秀树，三十五六岁的模样，戴着眼镜，样貌知性。此时，轮舞庄的住客齐聚一堂。

轮舞庄是一家民宿，建在断崖之上，整体呈L字形。L的竖线上端是玄关与烘干室，一条走廊向下延伸出来。走廊两边各有四间客房，总共八间。L的竖线下端有男女洗手间、澡堂和布草间。转弯进入L的横线，便是餐厅、休息室与厨房。横线上侧还有民宿老板海江田和妹妹敏子的房间。横线下侧则是锅炉房与仓库。（详见图1）

和户敲了敲海江田的房门，无人应答。他敲了两次、三次……可屋里还是毫无动静。

他握住门把手一拉，发现门竟然没锁，就这么开了。闯入视野的景象，让他不禁倒吸一口冷气。

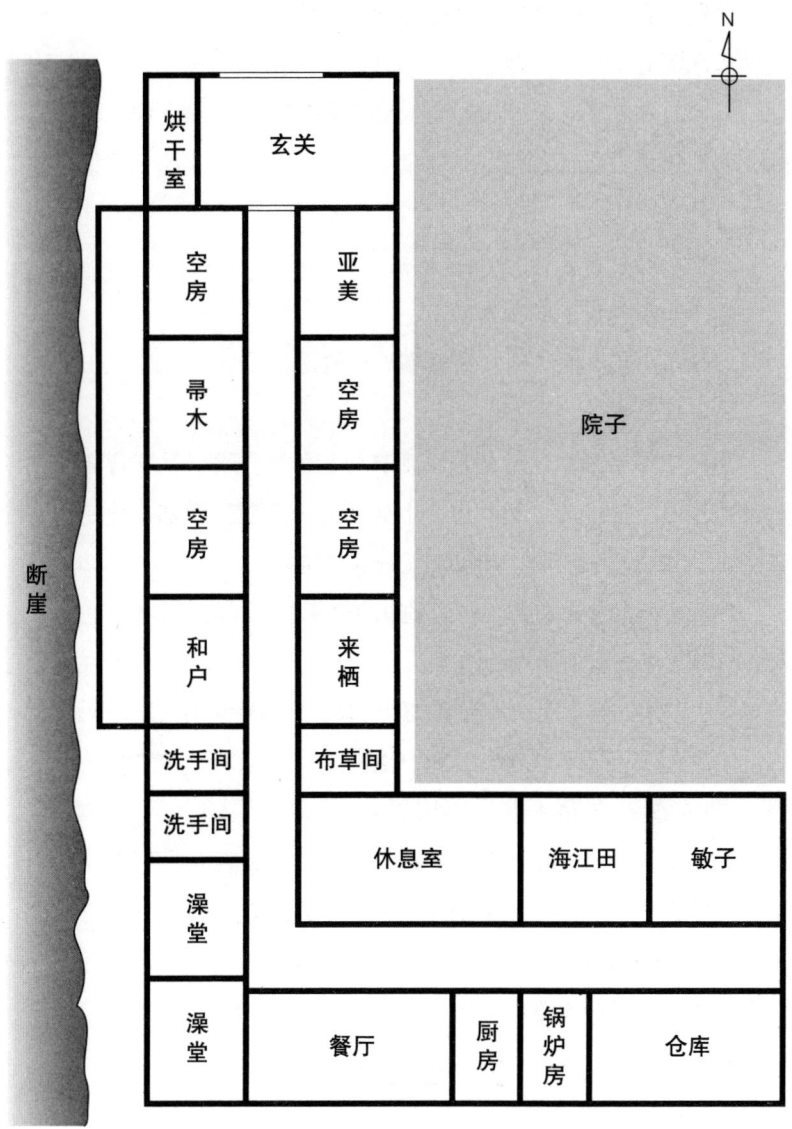

图1

眼前的房间呈正方形。客房和餐厅铺着拼花木地板，这个房间的地上却铺着米色的地毯，正中间摆着一张木制圆桌。只见海江田头朝门口，趴在左手边靠里的位置。和户连忙冲过去检查他的脉搏。然而，海江田的心脏已经停止了跳动。他的手是那样冰凉，那绝不是生者会有的温度。

"他已经死了。"

和户对随他进屋的三人说道。

"死了？怎么会……"来栖喘着气说道。

"好像是谋杀。"

海江田穿着黑白两色的格纹毛衣与蓝色牛仔裤。毛衣背侧的右半边的血迹已干涸，成了黑红色，上面还有一个洞。看来，他是被手枪击中了。和户环顾四周，却没有发现那把枪。

海江田向前伸出右臂。在他手边的地毯上，画着一排黑红色的十字架，总共五个，看似干透的油漆，其实是血。可见海江田没有在中枪时当场死亡，他一定是用伤口流出来的血画了那些十字架。（详见图2）

"这是……十字架吧？"和户说道。

"应该是。"帛木点了点头。

"老板为什么要用血画出这种东西啊？"来栖很是不解。

"他大概是在暗示凶手是谁吧。"亚美说道。

"暗示凶手是谁？"

"推理片里不是常有的吗？叫什么'死前留言'。"

"如果这真是死前留言，那它到底是什么意思呢？"

"这我就不知道了。"

见和户要把遗体翻过来，来栖厉声责备道：

"喂！别乱动！警察赶到之前，什么都别碰！你当自己是谁啊！"

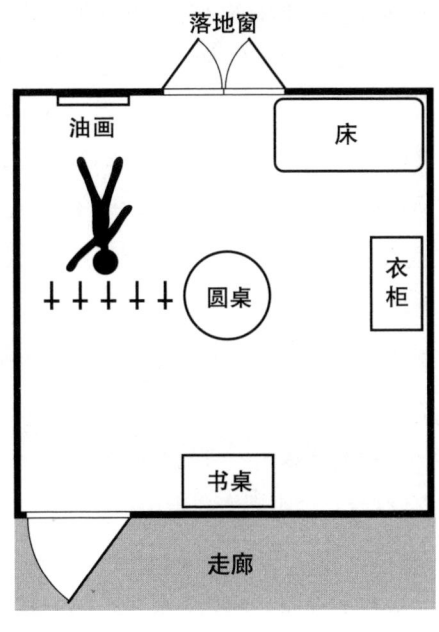

图2

"我是警视厅搜查一课的探员。"

"你说你是探员？那请出示一下证件吧。"

"我这两天不当班，所以把证件留在了局里。"

"你骗谁呢？"

"我骗你们有什么好处啊？"

和户没有理会，把遗体调整成仰卧的姿势。他本以为来栖会来阻拦，可来栖只是瞪着他，什么都没做。

遗体右胸也是一片黑红色的血污，也有一个洞口。这显然是贯穿性枪伤。背后的伤口更大，可见凶手是在被害者正面开的枪。那么，穿透被害者身体的子弹到哪儿去了？和户望向遗体身后那堵面向院子的墙。

那堵墙的正中间有一扇落地窗，穿过它就能走进院子。落地窗左侧的墙上挂着一幅画，画的是牵牛花。子弹嵌入画的正中央，刚好落在花茎附近。

和户再次环顾室内。房间呈正方形，大约有八张榻榻米大。房门设在与走廊相接的那堵墙的右手边。朝向院子的落地窗上了闩锁，窗帘紧闭。面向院子的这堵墙，一张床占据了它的右半边。床的左端——即枕头所在的床头紧挨着落地窗的右端。面朝院子而立，只见右手边靠墙放着衣柜，后侧靠近走廊的墙边则放着书桌。地毯上除了五个血淋淋的十字架，并无其他痕迹。

"得赶紧通知老板的妹妹……"帚木说道。

亚美却道："他妹妹不会也遇害了吧……"

不祥的预感涌上心头。和户等人赶往敏子的房间，他们敲了敲门，竟然真的无人应答。开门一看，只见身着睡衣和睡袍的敏子仰面倒在眼前。和户立刻冲了过去。

她的左胸被染成了黑红色，还有一个洞口。看来她也死于枪击。把遗体翻过来一看，背后并没有创口。可见她的情况和哥哥略有不同，子弹没有贯穿。她似乎没有留下任何讯息，也许是中枪后当场死亡了。

不远处的地板上躺着一把贝雷塔手枪。枪口装有消音器。这似乎就是凶器。

和户拿出手机，拨打报警电话，说轮舞庄的老板和他的妹妹被谋杀了，并简要描述了现场的情况。最后他补充道，自己是警视厅搜查一课的探员。接线员表示，会立即派调查组赶往现场。

2

四人也不能一直留在遗体所在的房间，便去了餐厅。

就在这时，和户的手机响了。是个陌生的电话号码。

"请问是警视厅的和户警官吗？"

一接电话，那边便是震耳欲聋的声音，惹得和户不禁皱了皱眉头。

"是的……"

"我是青井署的，敝姓东田，负责指挥本案的调查工作。是这样的，通往案发现场的路被堵住了……"

另外三名住客同时露出惊讶的表情。由于东田的嗓门实在太大，他们都听见了。

"是因为下雪吗？"

"不，雪在零点左右就停了，倒没什么大不了的，可不幸的是，那一带发生了山体滑坡。据说那条路要等一整天才能恢复通行。所以我有个不情之请，能否请您帮忙保护一下案发现场，再做些初步的调查？……"

"好的。"

"还有一件事要知会您。您说被用作凶器的手枪是装有消音器的贝雷塔，对吧？"

"对。"

"不瞒您说，我们辖区在五年前发生了一起运钞车抢劫案，当时的犯罪分子使用的就是装了消音器的贝雷塔。两名犯罪分子袭击了一辆载有三亿日元的银行运钞车，用装有消音器的手枪射击，使多名警卫身受重伤，然后夺车而逃。后来，我们在距离现场两千米远的地方发现了被抛下的运钞车，但车上的三亿日元已经不见了。不难想象，他们在逃跑前把钱转移到了另一辆提前停放在那里的车上。贝雷塔不同于托卡列夫，在日本国内的流通量极小。所以，本案使用的贝雷塔手枪极有可能是五年前用于运钞车抢劫案的那把。"

"也就是说……"

"本案的凶手很有可能就是五年前抢劫运钞车的犯罪分子。话说，民宿有没有外来人员入侵的迹象？另外，有没有住客在今天早上突然失踪？"

"没有住客失踪。至于有没有外来人员入侵，我还没有调查过，现在不好说……"

"那能麻烦您调查一下吗？"

和户答应下来，挂了电话。

"我去检查一下民宿周围的雪地，看看有没有凶手留下的脚印。"

和户话音刚落，来栖便说："我们也一起去。我还没完全相信你的说法，眼下还是得盯着你，免得你破坏证据。"

四人回到各自的房间，穿上大衣和羽绒服，在玄关集合，然后一起来到室外。

民宿的西侧紧挨着断崖，露台也是朝断崖突出的。崖体几乎垂直，足有三十米深。要从这一侧逃跑，唯一的办法就是在露台上系一根绳子，仅靠手臂力量速降，可行性着实很低。而且凝神细看，便知断崖下的雪地上完全没有脚印。于是一行人从民宿北侧绕去了位于东侧的停车场和院子。积雪之上，不见一个脚印。一行人继续前进，经由民宿东侧，来到南侧。那里也没有脚印。

没有脚印——这个事实意味着什么？四人陷入沉默。他们走回民宿，来到餐厅，一路无言。和户开口说道：

"在刚才那通电话里，那位姓东田的刑警告诉我，雪是午夜零点左右停的。如果老板和敏子女士是在雪停之后遇害的，那凶手就一定在我们之中。"

"要不大家都回忆一下昨晚最后一次见到老板和敏子女士是在什么时候吧？"帚木提议。

和户、来栖秀树和帚木晋平在昨晚七点来到餐厅用晚餐。民宿提供正统的法式晚餐，敏子掌勺，海江田伺候客人用餐。和户与另外两位住客在此时初次见面，随意交流了几句。来栖说自己开了一家补习班，帚木则自称是钢琴调音师。他们都是来滑雪的。和户也做了自我介绍，说自己是公务员，也是来滑雪的。三人都是首次入住轮舞庄。这顿晚餐大约吃了一个小时，之后三人便回房去了。

到了晚上十点，三人又来到了休息室。因为他们听说，休息室的吧台从十点开始提供酒水。海江田当起了调酒师。窗外的院子正下着雪。三人喝着酒，心情甚好。

片濑亚美在十点半左右来到民宿。她把一辆越野车停在院子的停车场，然后走进休息室，没有和三人说一句话，而是独自坐在角落里，喝起了威士忌。

到了晚上十一点，敏子过来换班。海江田说："抱歉，先失陪了，我得去记下账。"说完便去了隔壁的房间。来栖和帚木也觉得酒劲上来了，便回房去了。

之后，和户和亚美依然是各喝各的，几乎没跟对方说过一句话。和户一直觉得自己酒量不差，没想到亚美比他更厉害。加冰的威士忌干了一杯又一杯。

午夜零点，敏子表示酒水服务结束的时间到了。和户和亚美便离开休息室，回到了自己的房间。

也就是说，海江田死于晚上十一点之后，敏子则死于午夜零点之后。四人又细细回忆了一下，想搞清楚晚上十一点以后有没有人听到过枪声，但大家都说没听到，原因也许在于消音器。

如果凶器是同一把枪，那就意味着杀害两人的凶手很可能是同一个人。雪是午夜零点左右停的，而敏子死在那个时间之后，再加上民宿周围的雪地上没有脚印，可见凶手就在这间餐厅里，就在这四人之中。

"可五年前的劫匪为什么要杀死民宿老板和他的妹妹呢？"亚美问道。

帚木回答：

"我最先想到的一种情况是，老板和敏子女士是五年前那起案件的目击者，他们认出某位住客是五年前的劫匪，所以才被灭了口。"

来栖插嘴道：

"如果真是这样，那就意味着凶手是来到民宿之后才起了杀意。而他不可能在来了民宿产生杀意之后再去找枪。这说明不管这次的凶案有没有发生，凶手都是随身带着枪的。在美国也就算了，可这里是日本啊，谁会带枪出门旅行啊？"

帚木点头道：

"没错。认出老板和妹妹是劫案的目击者，这一点就说不通了。所以我想到了另一种可能性——内讧。"

"内讧？"

"老板与敏子女士中的一位和某位住客正是五年前的劫匪。要么就是兄妹俩都参与了劫案。但抢劫团伙起了内讧，于是那位住客就下了杀手。"

"老板和敏子女士也是五年前的劫匪？"

"假设老板在五年前的抢劫案后开了这家民宿，把抢来的现金和手枪藏在了这里呢？劫匪们决定先把现金藏起来，等风头过去了再用。劫匪之一觉得时间差不多了，便来到民宿，索要自己的那一份。午夜时分，老板把凶手叫到自己的房间，把现金和枪取出来给他看。谁知两人因赃款该如何分配起了争执，凶手一把抓起手枪，击中了老板……这套假设也可以解释'凶手为何在此时此地作案'。"

"凶手为何在此时此地作案？"

和户插了一句。寻木露出怜悯的笑容，仿佛在说"这刑警可真够迟钝的"。

"在此时此地行凶，嫌疑人总共也没几个，一只手都数得过来。凶手真想干掉老板，大可趁没有其他客人的时候来民宿行凶。这样一来，就不会被其他住客记住长相，嫌疑人的范围也会大得多。"

"有道理。"

"但凶手没有这么做，这意味着凶案带有突发、冲动的性质。凶手冲动行凶后，肯定也有过逃离现场的念头。可他要是在这种情况下逃跑，大家就会立刻猜到'凶手是失踪的住客'。把其他住客都杀掉，也许就能高枕无忧了，但凶手并不是杀人魔，做不到这么绝。他别无选择，只能留下。今天早上醒来的时候，凶手的心情肯定糟糕透了。"

"那敏子女士为什么会遇害呢？"

"也许她目击了哥哥遇害的那一幕，所以也被凶手灭了口。还有一种可能是，警方认为五年前的劫匪是两个人，但实际上有三个人，敏子女士也是劫匪之一。说不定她的死也是内讧的结果。在五年前的抢劫案中，劫匪在距离案发现场约两千米的地方准备了一辆用来逃跑的车，也许敏子女士就是那辆车的司机。"

"哦……"亚美插嘴道，"不过，'因为目睹哥哥遇害而被凶手灭口'这种说法是不是太牵强了啊？敏子女士仰面倒在门口，身上还穿着睡衣。综合现场的情况，凶手应该是在敏子睡下之后来到房门口，敲开了门，找了个合理的借口进入房间，然后立即拔枪开火——换句话说，敏子女士本来已经睡下了。如果她亲眼看到自己的哥哥遇害，肯定会大喊大叫的，怎么可能睡下呢？站在这个角度看，敏子女士也因内讧而死的可能性更高一些。"

见帚木、来栖和亚美各抒己见，和户心想：华生力似乎已经起效了。在华生力的作用下，三人的推理能力必定有了质的飞跃。

3

　　“我知道是谁干的了。”“我知道凶手是谁了。”“我知道谁是凶手了。”

　　说时迟那时快，三人齐声断言，把和户结结实实吓了一跳。他还是第一次遇到受华生力影响的人同时推理出结果的情况。

　　“女士优先，那就从片濑女士开始吧。”

　　在这种情况下维持秩序，也是华生力所有者的职责。

　　亚美用犀利的眼神扫视在场的所有人。

　　“在我们这几个人里，只有一个人的名字能用十字架表示。”

　　“谁啊？”

　　“就是你，来栖先生。”

　　“我？”来栖秀树皱起眉头，“为什么是我啊？”

　　“基督教刚传入日本的时候，十字架被称为‘くるす（kurusu）’，因为葡萄牙语里的十字架是‘cruz’。来栖先生，你的姓氏不也是这么念的吗？”

　　人不可貌相，没想到亚美如此博古通今。来栖撇着嘴说道：

　　“可你的说法解释不了十字架为什么有五个啊。如果我是凶手，画一个十字架不就够了吗，何必画五个呢？"

"老板只画了一个十字架，其余四个是你后来加上混淆视听的。"

"我要想混淆视听，肯定会把十字架整个涂掉，让后来的人看不出来它原来是什么样子。那样比多画四个十字架快得多，也方便得多。"

亚美无法反驳，陷入沉默。看来，第一位推理者被她指控的人给秒杀了。

"轮到我了。"来栖用洋溢着自信的口吻说道，"我关注的是'十字架有五个'这一点。正如我刚才所说，如果一个十字架就能点明凶手的身份，那就没有必要画五个。反过来说，既然十字架有五个，那就意味着只有凑齐了五个十字架才能明确指出凶手是谁。以五个为一组，又能体现出某种含义的东西会是什么呢？我立刻想到了源氏香。"

"源氏香？"

和户被这个第一次听到的词汇搞蒙了。亚美和帚木好像也没听过，面露讶异。

"源氏香是一种游戏，玩法是品五种香味——源氏香是用来品的，不是单纯去闻的——然后猜它们是不是同一款香。玩的时候会用到一种图，图上画着五条竖线，代表玩家闻的五种香。你认为哪几种香是同一款，就用横线把竖线的顶端连起来。香共有五十二种组合。最后把你画好的香纹图作为答案展示出来。香纹图共计五十二种，对应《源氏物语》五十四回中除首回'桐壶'和尾回'梦浮桥'之外的五十二回的标题。而其中一种香纹图就是五条竖线各不相连，代表玩家品的五种香各不相同。"

来栖拉开餐厅窗口的蕾丝窗帘，在蒙着露水的玻璃上画出了那

张图。（详见图3）

图3

"老板临死时留下了这幅图，却被凶手发现了。也许凶手并不知道它是什么意思，却意识到这是告发自己的死前留言，就在五条竖线上分别加了一条横线，改成了五个十字架，以混淆视听。"

"这幅图叫什么？"

帚木问道。来栖咧嘴一笑：

"和你的姓氏一样——帚木。老板指控的凶手就是你。'帚木'这两个字的笔画太多，需要费不少时间才能写全。老板唯恐自己在写完之前断气，所以才想到了画五条竖线就能解决问题的香纹图。"

"哈哈，亏你想得出来。"被指控的帚木却是泰然自若，"可老板懂源氏香吗？这间屋子里有四个人，我是第一次听说，和户先生和片濑女士也是一副从来没听过的样子。说句冒犯逝者的话，老板给人的第一印象就是个十足的山野汉子，他看起来实在不像是懂得源氏香这种高雅游戏的人啊。"

"你这是偏见，怎么能以貌取人呢？"

“你又是怎么知道源氏香的？”

“其实我大学念的是国语系。源氏香是在关于《源氏物语》的课上学到的。”

“这说明源氏香是一种偏专业的知识吧。我实在不觉得老板懂这些。而且和你刚才画的香纹图相比，案发现场的五条竖线隔得也太开了吧？都能跟横线各自组合成十字架了哎。那些线条，看起来可不像是‘帚木’的香纹图。”

“我也觉得不像。”亚美说道。“好像是牵强了些……”和户也有同感。来栖一脸不爽，没再发话。第二位推理者也迅速败下阵来。

“最后轮到我了……”帚木晋平用轻飘飘的口吻徐徐道来，“片濑女士和来栖先生的推理都是围绕用血画出来的十字架展开的，但我的切入点有所不同。五个十字架而已，怎么解释都行。而且又有谁能保证被害者留下了逻辑通顺的死前留言呢？当时他都快死了，意识都模糊了，说不定那些讯息根本没有逻辑可言，只有被害者自己能看懂。更何况，也许凶手早就发现了死前留言，把它改得不成原样了。根据这样的线索进行推理是一种非常危险的行为，这无异于爬上一架随时都有可能散架的梯子。”

帚木否定了血色十字架的重要性，这让来栖很是不爽。

“大道理还挺多。那你又是根据什么推理的？”

“画。”

“画？”

“昨晚吃饭的时候，老板说，他房里的画是以海为主题的，因为他的姓氏里有个‘海’字。可我刚才进屋一看，挂在他房里的画竟画着牵牛花。”

和户神色一凛。

“换句话说，有人把原本挂在另一个房间的牵牛花油画挪到了老板的房间。而子弹就嵌在那幅画里，这说明那幅画原本所在的房间才是真的案发现场。显而易见，那个房间就是凶手入住的客房。

"凶手在自己的房间杀害了老板，但子弹嵌进了挂在墙上的画。凶手不可能把尸体留在自己房里，所以他在夜深人静时，把尸体背去了老板的房间——也可能是拖过去的。为了把那里假装成案发现场，他取下墙上的画，再把嵌有子弹的那一幅换上。应该没有住客在案发前进过老板的房间，因此凶手认为，即使大家在案发后进屋查看，也不会发现画被调了包。

"凶手自己房间的画没了，于是他便去空房拿了一幅。凶手昨晚没有邀请其他客人进入自己的房间，而空房也不会有客人进去，于是凶手便认定，不会有人注意到他房间里的画换成了空房的画。至于老板房里的那幅画，则被凶手挂去了空房。"

"把凶手房里的画和老板房里的画直接对调一下，不是更省事吗？"

和户问道。帚木微微一笑：

"如果凶手真这么干了，一旦有人发现老板房里的画被人换过，就能立刻查出是谁换的。为了防止这种情况的发生，凶手特意把自己房里的画换到了老板的房间，又把老板房里的画换去了空房，再把空房的画挂到自己的房间——像这样轮换了一下。接着，凶手用血在地毯上画出了虚假的死前留言，把老板的房间伪装成了案发现场。"

"你的意思是，那五个十字架……"

"它们没有任何含义。凶手不过是随便画了些似是而非的符号，看着像死前留言就行。他只是想伪装案发现场而已。"

"没有任何含义……"

"有了这个假设，就能推导出敏子女士遇害的理由了。她当然知道每个房间挂着什么样的画啊，一看就知道老板的房间、凶手的房间和空房的画被人换过。为绝后患，凶手把她也杀了——如果我推理得没错，应该有一间空房挂着本该在老板房里的海景油画。还是用证据说话吧，去空房看看就知道了。"

帚木气宇轩昂地走出餐厅，和户等人急忙跟上。

空房共有四间。众人从离餐厅最近的空房开始，一间一间查过去。他们发现，和户的房间和帚木的房间之间的空房挂着绘有海景的油画，另外三间空房的装饰画则以花朵为主题。

和户等人在帚木的带领下回到了那间可疑的空房。墙上的画描绘了漂浮在平静海面上的小船。帚木指着画说道：

"其他客房的油画都以花朵为主题，只有这一幅画的是海景，实在说不过去。毫无疑问，它原本挂在老板房里。它也证明了我的推论，油画确实被调换过。也就是说，老板的尸体确实是被人从真正的案发现场搬过去的。"

"哼，真有你的，"来栖的表情带着些许不甘，"那你说说看，凶手到底是谁？"

"要想知道凶手是谁，最简便的方法就是查出老板到底是在哪个房间遇害的。说不定那里还留有血迹。谁住那个房间，谁就是凶手。"

"你的意思是，要检查每个人的房间？"

"对。让房间入住者之外的三个人去查。"

来栖瞪了帚木一眼。

"这不是侵犯隐私吗？"

"要是你没做过亏心事，又有什么好怕的呢？还是说……你做过？"

"……怎么可能。行吧，随你的便。"

帚木又问："片濑女士，和户先生，二位觉得怎么样？"亚美没好气地说:"我不介意。"和户也点头说:"就这么办吧。"

四人先进了和户的房间。客房不同于海江田的房间,铺着拼花木地板。床靠着北墙。南墙上挂着一幅海江田画的玫瑰。西墙有通往露台的落地窗,但再往前就是悬崖了,所以无法通过露台前往室外。

在另外三人检查房间的时候,和户站在一旁,一言不发。堂堂警察,居然要接受一群嫌疑人的调查,这也太荒唐了,但这可能就是华生力所有者的宿命吧,不认也不行。

"……好像没有血迹,"过了一会儿,来栖很是遗憾地说道,"不过嘛,我也不觉得在职刑警会是凶手。"

一行人又来到来栖的房间。这间客房就在和户的房间对面,中间隔着走廊。地上同样铺着拼花木地板。南墙挂着海江田画的百合。东墙有一扇落地窗,通向院子。这一次负责检查的是来栖之外的三人,可依然全无收获。

第三个接受检查的是寻木的房间。这间客房与和户的房间一样,位于走廊西侧。西墙上的落地窗正对着露台,再往前还是悬崖。南墙上挂着海江田画的紫罗兰。一行人也没有在这个房间发现血迹。

最后是亚美的房间。这间客房紧挨着玄关,和来栖的房间同在走廊东侧。东墙上的落地窗通向院子。南墙上挂着海江田画的向日葵。房间里同样没有血迹。

四人回到餐厅。寻木捧着胳膊说道:

"行凶时滴在拼花木地板上的血迹肯定被凶手擦掉了。警方用鲁米诺试剂检查一下,或许能找到血迹,可惜他们要花整整一天才能赶来。而且墙上的画虽然被调包了,但我们不知道每个房间原来挂的是哪幅画,所以也不知道哪个房间的画被换过。"

"凶手有足够的力气把老板的尸体搬运去他的房间,那是不是就可以排除女士了呢?"

和户问了一句，帚木却摇头道：

"我也希望能排除几个人，不过看片濑女士这身板，她搞不好比寻常的男人更有力气。所以还不能排除她作案的可能。"

亚美"哼"了一声，说道：

"那你是没法锁定凶手了！"

"不，我们还有一条非常关键的线索。凶手取下了老板房里的海景油画，把自己房间里的画挂了上去。由此可见，老板在昨晚用餐时提到他房里挂着海景油画，可凶手并没有听到。如果他听到了，就会意识到把海景换成花会立刻暴露，于是也就不会走这一步了。换句话说，凶手是昨天用晚餐时不在场的人。也就是……"

所有人的视线集中在一个人身上。那个人——亚美耸了耸肩。

"你说我是凶手？"

和户心想，她要是抢劫运钞车的劫犯之一，倒还挺像那么回事的。瞧那身堪比豹子的发达肌肉，似乎再狠的事情都干得出来。看来本案的名侦探一角儿落在了帚木晋平头上。

谁知，亚美竟打了个大大的哈欠，斩钉截铁道：

"你要说的就这些啊？我告诉你，你的推理有漏洞。我这就把真相推理出来，你们都给我听好了。"

4

　　和户不自觉地盯着亚美。她还没吸取教训啊，又要发表推理了吗？

　　"哦？你对我的推理有什么意见吗？"

　　"意见大了。你说凶手伪造了用血画出来的十字架，想让人以为案发现场是老板的房间。但要真是这样，他又何必画五个十字架呢？一个就够了啊。凶手肯定是想尽快离开现场的，哪来的闲心不慌不忙地画上五个啊？刚才我说十字架指的是'来栖'这个姓氏，来栖先生反驳我说，只画一个十字架就够了，而这句话也适用于你的推理。"

　　"那你觉得那些十字架是什么？又要搬出那套死前留言的假设了？"

　　"不，这次的推理不一样。"

　　"还有，根据那幅嵌入子弹的画，我推理出真正的案发现场并不是老板的房间，这一点你又要如何解释呢？其中一间空房里确实挂着以海景为主题的油画，说明画确实被调换过。这不正意味着案发现场是伪造出来的吗？"

　　"我不完全同意你的结论，我也认为真正的案发现场并不是老板的房间。但你断定老板是在真正的案发现场遇害后被搬回了自己的房间，却没有考虑到另一种可能性。"

"另一种可能性？"

"也许老板是在真正的案发现场中了枪，然后拼尽最后一丝力气走回了自己的房间，最后死在了那里。"

和户一愣。

"这当然也是有可能的……可你也没法根据现场的蛛丝马迹判断出哪种情况才符合事实啊。"

亚美咧嘴一笑。

"不瞒你说，我还真判断得出来。你们回忆一下老板房里的床是怎么摆的。床被摆在了面朝院子的那堵墙边，床头紧挨着落地窗的右端，对吧？按那个摆法，打开落地窗的时候，床头会突出来一截，挡住一部分窗口。这么摆也太奇怪了吧？照理说，他完全可以把床放在别处，何必让它靠着面朝院子的墙，挡着落地窗呢？"

"有道理。"

"和户先生，如果是你，你会让床靠着哪边？"

"唔……我大概会把床放在面向院子时右手边的那堵墙边吧。挨着走廊的那堵墙会有走廊的声音传进来，难免会有些吵。面向院子时左手边的那堵墙挨着休息室，肯定也避免不了噪音。所以还是放在右侧的墙边最好。"

"没错，正常人都会那么摆的。那就让我们假设老板原来也是那么摆的吧。"

"可床确实就放在面向院子的墙边啊。你的意思是，它原本是靠着右侧那堵墙的，却被挪到了现在的位置？"

"如果床被人动过，右侧墙边的地毯上应该会留下床脚的压痕啊，可我们并没有发现那样的痕迹。"

和户努力回忆着现场的情况。除了五个血色十字架，地毯上确实没有其他痕迹。

"既然如此，唯一解释得通的推论就是，凶手把地毯逆时针转动了九十度。所以原本在右侧墙边的床才跟着地毯挪到了朝向院子的墙边。老板的房间是正方形的，所以旋转地毯是可行的。床是随着地毯一起移动的，所以地毯上没有出现床脚的压痕。当然，动过的不光是床，还有衣柜和书桌。"

"凶手把地毯逆时针转动了九十度？为什么啊？"

"要想知道凶手这么做的原因，把地毯恢复原状就行了。如果把地毯顺时针转动九十度，房间会变成什么样子？"

和户在脑海中想象了一下，顿时倒吸一口冷气。五个十字架变成了五道血痕，从落地窗直冲室内圆桌。（详见图4）

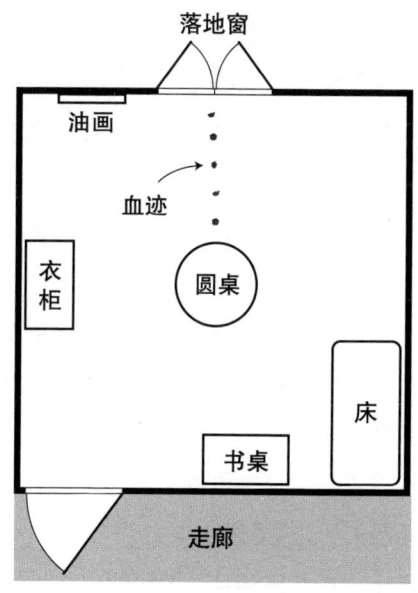

图4

"老板是在别处中枪之后，拼尽最后一丝力气走回自己的房间，最后死在了那里……"

"没错，他不是死在了别处，再被凶手搬运进自己房里的，而是走回自己的房间以后才断了气。而且，他不是穿过走廊再通过房门进的屋，而是穿过院子，通过落地窗进的屋。这意味着真正的案发现场要么是院子，要么是面朝院子的房间。因为另一侧的客房一开落地窗就是露台，露台再往前就是悬崖，去不了别处。要想去老板的房间，只能通过走廊，不可能取道院子。

"另外，老板遇害时只穿了毛衣，没有穿外套，而且有一面墙挂着嵌入子弹的画，这说明真正的案发现场在室内。换句话说，真正的案发现场并不是院子，而是面朝院子的客房。那一侧的客房只有我和来栖先生住着。这意味着凶手就在我们两人之中。

"到了这个阶段，雪地上没有脚印和血迹就成了重要的判断依据。如果老板中枪后在院子里走动过，一定会在雪地上留下脚印或血迹吧？但我们并没有发现那样的痕迹。换句话说，凶手是在雪停之前作案的。所以老板在院子走动时留下的脚印和血迹才会被不断落下的雪盖住。"

"青井署的东田警官在电话里告诉我，雪是零点左右停的。"

"所以，凶案发生的时间必然早于零点，而且要早很多——早到有足够的时间让雪花盖住雪地里的脚印和血迹。在零点之前，我一直待在休息室，与和户先生、敏子女士在一起，有充分的不在场证明。这就意味着，凶手只可能是他——"

亚美指着来栖说道。和户瞧得清清楚楚，来栖白皙的面庞有一丝狼狈闪过。也许事实正如亚美的推理。

"老板在晚上十一点多回到自己的房间，然后偷偷去了来栖先生的房间。如果老板确实是五年前的劫匪之一，那么他当时肯定是带着赃款和手枪去的。从走廊走的话，搞不好会被我们撞见，所以他换上凉拖之类的鞋子，从落地窗离开，穿过院子去来栖的房间。

　　"他们在来栖先生的房间里商量要如何分赃，却爆发了争执，来栖先生开枪击中了老板。老板打开落地窗，穿上凉拖逃往院子。来栖先生紧追不舍。老板从院子穿过落地窗，回到自己的房间，边走边流血，地毯上便有了五滴血迹。最后，他靠着房间中央的圆桌断了气。

　　"要是放任不管，人们就能根据地毯上的血迹推测出老板是取道院子，通过落地窗回到了自己的房间——到时候，老板在院子或面朝院子的客房中枪一事就会暴露。为了掩人耳目，来栖先生将地毯逆时针转动九十度，挪动了五道血迹，又用血在上面添了几笔，画成十字架，再把尸体移到恰当的位置，让人误以为十字架是被害者画的。他擦去了流到圆桌上的血，收起了老板在院子行走时穿的凉拖，还锁上了落地窗，抹去了老板进出院子的痕迹。

　　"之后，来栖先生通过走廊回到自己的房间，取下嵌入子弹的牵牛花油画，换到老板房里，再把老板房里的海景油画挂在空房的墙上，最后把空房挂着的百合油画挂到自己的房间。

　　"这部分和帚木先生告发我的推理一样。只是帚木先生根据'凶手把老板房里的海景油画换成了花的油画'这一点，推测凶手是没有在昨天用晚餐时听到老板说'自己房里挂着海景油画'的人，但这套推理是有瑕疵的。就算他听到了老板说的那番话，把嵌有子弹的画挂在老板房里也是必不可缺的一步，所以凶手完全有可能咬牙轮换油画，赌一赌'没人记得老板所说'的可能性。事实上，来栖先生就是这么做的。

　　"完成这些伪装工作之后，来栖先生杀害了敏子女士。这不仅是因为她有可能发现房里的画被人换过，还因为她可能会注意到床、衣柜和书桌的位置有变动——好了，证明完毕。"

和户暗自惊叹。亚美告发了来栖，来栖告发了帚木，帚木告发了亚美，而亚美又告发了来栖……跟轮舞似的绕了一圈，亚美的第二次推理是那样缜密，那样有说服力，已无法与第一次同日而语。也许是她的推理能力在华生力的作用下持续得到了提升。

说时迟那时快，来栖一溜烟地冲向餐厅门口。看来凶手真的是他。事情来得太突然，和户和帚木反应不及，但亚美不然。她追上了伸手握住门把手的来栖，抓住他的肩膀。来栖回过头，凶神恶煞地朝亚美抡起拳头。亚美却轻轻松松地用左臂挡住了他，又使出一记右直拳，正中来栖的腹部。趁来栖捂着肚子蹲下身的时候，亚美又对准他的头部踹了一脚，直接撂倒了他。和户与帚木也冲了过来……

*

后来，和户等人用绳子把来栖绑在餐厅的椅子上，轮流监视。来栖不再抵抗，对犯罪事实供认不讳，说自己确实是五年前抢劫运钞车的劫匪之一。正如青井署的东田所料，海江田也是劫匪之一。不过他的妹妹敏子并没有参与劫案。海江田和来栖决定在抢到三亿日元后各拿五千万，剩下的两亿暂时藏起来，等风头过去再说。藏赃款的地方，正是海江田用他拿到的五千万建造的轮舞庄。五年过去，来栖觉得时间差不多了，便来到民宿，索要自己那一份赃款。昨天晚上，海江田从自己房间的地板下拿出装有两亿日元和手枪的箱子，去了来栖的房间。谁知谈着谈着就爆发了内讧，来栖一把抓起手枪，射中了海江田。之后发生的事正如亚美的推理。装有赃款和凶器的箱子被来栖放回了海江田房间的地板下面，大家也找到了。

当天夜里，青井署的调查组终于赶到。带队的正是与和户通过电话的东田。东田没想到凶手会这么快落网，不禁连连感叹。

和户告诉东田，是片濑亚美推理出了真凶。亚美却很谦虚，说多亏大家发表各自的推理，为她提供了灵感。"也不知是怎么了，只觉得脑子转得特别快……"

　　"话说你是做什么工作的啊？"和户问道。亚美回答："我是警视厅SAT[1]的，不好意思啊，之前没告诉你。"SAT是警视厅警备部麾下的特种部队，威名赫赫，所向披靡。难怪她不费吹灰之力就制伏了来栖。"我向来不爱动脑子，不过通过这个案子，我发现动脑筋推理还挺有意思的，"亚美说道，"我都在考虑要不要申请调去搜查一课了，你觉得呢？"和户只得赔笑道："随时欢迎你加入。"

1　SAT，即Special Assault Team的缩写，指特殊急袭部队，隶属于日本警察厅的特种部队。

第二章　暗房凶案

暗黒室の殺人

1

电梯门一开，一间有着白墙与拼花木地板的房间映入和户的眼帘，房间大概有三十张榻榻米大。

电梯口左侧摆着桌椅，一位二十五六岁模样的美女接待员坐在那里，微笑着说道："欢迎光临。"

和户递上门票，接待员便道："多谢惠顾。请尽情欣赏。"边说边递给他一本小册子。和户拿着小册子，战战兢兢地走了进去。

展示台沿墙面一字排开，上面摆放着形形色色的雕塑作品。每一件似乎都是金属多边形的复杂组合。

除了和户，室内还有三个人。一个六十岁上下的男人，体形富态，穿着剪裁得体的西装；一个三十五六岁的高个男人，披着西装外套；还有一个戴眼镜的女人，四十多岁的模样，身材消瘦。六十岁左右的男人和四十多岁的女人正饶有兴致地欣赏着雕塑，三十五六岁的男人则漫无目的地逛来逛去。这是四月的一个工作日，上午十点刚过，画廊才开门，却已经有四位参观者了（包括和户在内），也不知道这算多还是少。

暮田画廊位于池袋儿玉第三大楼的地下二层。这里正在举办雕塑家大前武幸的作品展。

大前武幸今年三十五岁，擅长金属雕塑，多次获得国内外大奖。他的孪生弟弟文幸是一位画家，两人是业界出名的艺术家兄弟——这些都是小册子上写的。其实和户对现代艺术一无所知。之所以来，只是因为大学时代的朋友给了他一张票而已。他心想，机会难得，去看看现代艺术到底是个什么东西好了。今天正好不当班，他便来看展了。

　　和户沿着墙壁，按顺时针方向行进。每一张雕塑展示台上都贴着纸条，上面写着"待售"或"已售"。看来这既是作品展，也是展销会。价格没有标明，大概要询问接待员吧。买一个要多少钱啊……和户根本想象不出来。

　　最引人注目的莫过于房间中央的作品。作品摆在地上，是两根十字交叉的圆筒。圆筒的直径约五十厘米，长达三米，表面起起伏伏，有无数凹陷。摆在作品跟前的牌子上写着作品的标题，《十字路》，以青铜制成。和户看得一头雾水，不知道它跟十字形的陶管有什么区别。顺便一提，这件作品还处于待售状态。

　　就在他沿着墙观赏了各种作品，几乎在画廊绕了半圈的时候——

　　突然，一阵沉闷的冲击穿透画廊。几秒钟后，天花板上的灯熄灭了，画廊里变得一片漆黑。

　　"咦？""怎么了？""怎么搞的？"

　　好几种声音在空中交错。

　　"紧急出口"字样的灯光在黑暗中亮起。那应该是在停电的时候靠内置电池点亮的。那里一定有紧急逃生梯。和户把手机当作手电筒，朝出口走去。在漆黑的环境中行走，心中难免忐忑，所以他走得非常慢，简直跟蜗牛爬一样。

　　和户好不容易才走到"紧急出口"的灯光跟前，却隐隐约约看到有人在推门。原来是那位接待员。接待员大概是感觉到了和户正在接近，于是便转过身来。她的肩上挂着一个手提包。

"紧急出口的门打不开！门后就是紧急逃生梯……"

"门打不开？"

"嗯，特别重！"

"不会是被锁住了吧？"

"这扇门就没有锁，就是为了防止在紧急情况发生时打不开门……"

和户表示"让我试试"，来到门前。他转动门把手，试图推开门，可门板纹丝不动。门板边缘没有铰链，看来推不开门并非因为门是朝里开的。他弯下腰，用尽全身力气推门，可还是一点用都没有。

"怎么了？"

背后传来男人的声音，和户不禁回头望去。黑暗中，隐约可见三十五六岁的男人的身影。他跟和户一样，把手机拿在手里，大概也是把手机当手电筒用了。

"啊，武幸老师！"接待员似乎松了口气，"紧急出口的门打不开了！"

和户吃了一惊，原来他就是那些雕塑的作者啊。

大前武幸说"我来试试"，上前推了推门，可门还是没开。

"门打不开？""真的吗？"

老男人和中年妇女的声音传来。只见有两个人借着手机的亮光朝门口走来。看来画廊里的所有人都到齐了。老男人也试了试，却仍然无法将门打开。

"电梯呢？"中年妇女问道，"紧急出口的右边就是电梯吧？"

"看样子是停电了，电梯大概也动不了了……"

说着，接待员举着手机往右走去。她用手机照亮面板，按下"△"键。但按钮并没有变亮。电梯门当然也没开。

"电梯果然也因为停电动不了了。"

"怎么会停电呢？刚才好像震了一下，到底出什么事了啊？"

老男人问道。

"不会是地震了吧？"和户说道，"也许是地震导致了停电。门之所以打不开，也是因为门板被地震给震歪了。"

"可真要是地震，震感应该会持续更久的啊？"

"对哦……刚才的震动时间太短，不像是地震啊。到底是怎么回事啊……"

大前武幸对接待员说道：

"不管怎么样，先联系一下大楼的管理处吧。你有管理处的电话吗？"

"有……有的。"

接待员点了点手机，举到耳边。

"您好，这里是地下二层的暮田画廊。因为停电，电梯没法用了，紧急出口的门也打不开，请问到底是怎么回事啊？……啊？塌陷？"

黑暗中，和户等人纷纷将目光投向了接待员被手机屏幕照亮的脸庞。也不知电话那头的人说了什么，只见接待员一脸茫然。

"……呃……那什么时候才会有人来救我们呢？好的……"

接待员挂了电话。

"你快说啊，出什么事了？"中年妇女焦急地问道。

"……据说这栋楼正前方的马路塌陷了。"

"塌陷？好端端的怎么会塌陷呢？"

"原因还不清楚。只知道塌陷的面积很大，长宽都有二十多米，深度也有十五米左右。所以埋在马路下面的电缆、煤气管和水管都断了……"

"哦，难怪会停电，"老男人的声音传来，"可紧急出口的门怎么会打不开呢？"

"说是大楼地下的墙体开裂了，所以从破损的水管喷出来的水倒灌进来了。水顺着紧急逃生梯流下来，积在紧急出口门前的空间，把门给堵住了。"

和户大惊失色。门后竟有大量的水，把门死死封住了。

"要是水透过门缝灌进来，那我们岂不是要被淹死了啊！"

中年妇女尖叫起来。

"管理室的工作人员告诉我，这是防水防火门，密闭性很好，水是不会透过门缝流进来的。一旦恢复供电，就会有人启动电梯救我们出去。"

"看看新闻吧，说不定已经有关于事故的报道了，"大前武幸说道，"也许我们可以通过新闻了解到更详细的信息。"

好几块长方形的显示屏在黑暗中亮起。每个人似乎都掏出手机，浏览起了网上的新闻。和户连上了网，果然找到了塌陷事故的快讯。报道称，事故原因尚不明确。

"真要命……"老男人的声音响起，"要不大家先做个自我介绍？在救援赶到之前，我们恐怕还需要在这里待很长一段时间。黑灯瞎火的，如果相互之间连名字都不知道，想沟通一下都很难啊。"

"对哦……"接待员回答。

"就这么办吧，天知道要等多久，聊聊天，打发时间也好。"

大前武幸的声音。顺着声音望去，只见一个散发着光亮的东西悬浮在空中。大概是挂在手机上的夜光挂饰。

"你们还有闲心自我介绍，谈天说地？出口后面的水灌进来了可怎么办啊！"

中年妇女嚷嚷着。话音刚落，大前武幸便用平和的口吻说道：

"难得各位来参观我的作品展，却发生了这样的事情，我也很过意不去。我们现在唯一能做的就是等待。既然只能等待，那还是稍微聊聊，把情绪稳住比较好，各位觉得呢？"

"您就是大前武幸老师吗？"

"对。难得您大老远过来看展，却遇上了这种事，实在抱歉。您很喜欢雕塑吧？"

"嗯，尤其喜欢抽象雕塑，就是您创作的那种风格的。"

中年妇女的声音稍稍平静了一些。和户松了一口气。要是有人在黑暗中陷入了恐慌状态，那肯定要出大乱子。与此同时，他也很佩服大前武幸的细心。

"大家自我介绍的时候，都用手机照一照自己的脸吧？"

和户如此提议，其余四人都表示赞成。

"那就从我开始吧。我叫和户宋志。"

和户用手机照着自己的脸说道。此时此刻，这张脸肯定惊悚得很，和户越想越觉得滑稽。

接着，大前武幸也照亮自己的脸，自报姓名。

"我叫村濑芳子。"

四十多岁的女人的面孔浮现在黑暗中。

"我是接待员会田真帆。"

智能手机的光亮，照出一张美丽的脸庞。

"我是丰川俊辅。"

最后露脸的是六十岁上下的男人。

"咚！"就在这时，远处传来一阵闷响，画廊随之摇晃。

"呀！"

会田真帆发出一声尖叫。"咣当！"金属落地的声响传来。

"会田小姐，你还好吧？"

大前武幸担心地问道。

"嗯、嗯……我吓了一跳，一不小心撞到了放作品的展台，跟展台一起摔倒了……对不起，可能把作品碰坏了……"

"没关系，等灯亮了再放回去就是了。作品碰坏了不要紧，人没伤着吧？"

"谢谢老师，我没事。"

"怎么又震了啊……也许网上有跟踪报道。"

说着，丰川俊辅开始用手机浏览新闻。

和户也看了看新闻。快讯称，"塌陷区域似有扩大趋势"。网上还有在附近的大楼拍摄的视频，大概是碰巧有摄影师在那儿。四车道的马路上，多出一个形似擂钵的大洞。而洞口旁边正是和户他们所在的儿玉第三大楼。突然，画面中"擂钵"边缘的路面进一步坍塌，洞口逐渐扩大。因为视频没有声音，看起来就像是糖果在逐渐碎裂。刚才的震动，应该就是新一轮塌陷造成的。

"新闻说，可能是泥沙流进了正在挖掘的地铁隧道，导致了路面下沉。还说事故现场周围已经被封锁起来了。"

"看这情形，我们可能要等一阵子了。还是少看手机，节省电量吧。"大前武幸说道。

"是哦……"说着，和户就关了手机。其他人也照办了。

"不过，我们是不是应该先通知一下家人和朋友啊？"村濑芳子说道，"我出门的时候跟老公说过我要来这间画廊的。要是看到了新闻，他会很担心啊。"

"也是，我也给老婆打个电话吧。"

丰川俊辅说道。

就在这时。

黑暗中响起砸东西的动静，男人的呻吟随即传来，还有重物倒地的声响。

2

"怎……怎么回事？"

会田真帆的声音写满了惊恐。

"是谁在惨叫？"

这是村濑芳子的声音。

"不是我。"

说话的是丰川俊辅。

"也不是我，"和户说道，"那就说明刚才的声音是大前武幸老师发出来的。大前老师，没事吧？"

和户朝之前自我介绍时大前武幸的脸出现的方向喊道。然而，无人应答。四周一片漆黑，也看不到他在哪里。不过，和户能看到落在地上的夜光挂饰。

和户打开手机，把屏幕对准那个方向。借着微弱的亮光，他看到大前武幸右手握着手机，仰面倒地。村濑芳子和会田真帆的尖叫回荡在画廊中。

和户蹲在大前武幸身边，按住他的右手测脉搏，却什么都摸不到。和户又用手机照了照他的脸。没有瞳孔反射。再把手举到他嘴边。没有呼吸。他死了。

一件雕塑作品落在死者身边。那是一根长长的金属棒，布满裂纹。和户借着手机的亮光仔细检查雕塑家的头部，发现他额头上有一处小小的凹陷。错不了，他肯定是被这件作品击中了。作品显然是从刚才会田真帆撞到的展台掉下来的，滚到了凶手脚边。然后，凶手就用它实施了犯罪。

和户起身清了清嗓子，说道：

"他死了，死因似乎是头部受到重击。"

"被人打死了？""啊？！""你确定吗？"

三人的声音交织在一起。

"我很确定。凶手似乎是用某件展品殴打了大前老师。"

"你凭什么这么说？"丰川俊辅问道。

"我是根据遗体的情况推测的。抱歉没有及时告诉大家，我是警视厅搜查一课的探员，处理过不少凶杀案。根据我的经验，这绝对是一起谋杀。"

"你真是探员吗？能否出示一下证件？"

丰川俊辅的声音里写满了怀疑。

"我今天不当班，所以没有随身带证件。"

"那你也有可能是冒牌的刑警啊。"

"我要真是冒牌刑警，才更应该趁机亮出伪造的证件啊。总之先打电话报警吧。"

和户告诉警视厅通信指挥中心的接线员，说这里发生了一起谋杀案，并表明了自己的身份。

"搜查一课的和户警官，确认无误。请协助保护现场。"

"收到。另外，在场的其他人对我的身份还有些怀疑，可否替我做个担保？我这就把电话交给他们中的一位。"

和户举起手机道："丰川先生，麻烦您来听一下电话。警视厅的工作人员会向您证实我的身份。"

丰川俊辅的手从黑暗中伸了过来。和户把手机交给他。

丰川俊辅一边听电话，一边附和几声。过了一会儿，他说了句"谢谢"，然后便把手机交还给了和户。

"看来你真是搜查一课的探员，对方还让我们听从你的指示呢。"

"请各位多多配合。"

"你快想想办法啊，凶手就在我们这几个人里啊！"村濑芳子歇斯底里的声音传来，"我不想和杀人犯在一起啊！快救我出去啊！"

丰川俊辅安抚道：

"但是在电力恢复之前，我们是没办法出去的啊。再说了，这里确实有杀人犯，但也有警视厅搜查一课的和户警官在，所以我们是很安全的。"

"你凭什么说有他在就安全啊！"

"你怀疑他不是刑警吗？警视厅通信指令中心的接线员都跟我保证过了，他的身份肯定是没问题的。"

"也许他真是刑警，可这并不意味着他就一定不是凶手啊！不是常有警察犯罪的新闻吗！"

情况不妙啊……和户心想。他本以为众人能继续保持冷静，不至于陷入恐慌，但风向好像不太对劲。事已至此，只能祈祷华生力赶紧起效了……

3

"莫名其妙……"忽然，会田真帆开口道，"为什么要在这种情况下行凶啊，我越想越觉得莫名其妙。"

"这有什么莫名其妙的？"

丰川俊辅问道。

"这还不够莫名其妙吗？在这样的密闭空间里作案，嫌疑人就那么几个，还无处可逃，说不定立刻就会被人揪出来。凶手为什么要在这样的情况下行凶呢？"

"被你这么一说，还真是……"

"而且画廊里一片漆黑，根本看不清目标在哪里。虽说武幸老师在手机上拴了夜光挂饰，可以让凶手知道他在哪里，可凶手没有办法确定头的位置啊，说不定没法一击毙命。要不了武幸老师的命，那不是得不偿失吗？"

"有道理。不过再莫名其妙，凶手还是动手了。揪着这一点不放也无济于事啊。"

"照理说，人是不会在这种情况下行凶的。可凶手还是不顾一切地实施了犯罪，那就意味着凶手有不得不那么做的理由。我觉得只要找出那个理由，就一定能把凶手揪出来。"

会田真帆讲得头头是道，格外合乎逻辑。太好了。和户心想，总算起效了。华生力应该会作用于这间画廊里的每一个人（当然，和户除外），让他们的推理能力突飞猛进。

"不得不那么做的理由？能有什么理由啊？"

丰川俊辅的语气也变了。不难听出，他之前没把会田放在眼里，只当她是个小姑娘，此刻却是对她刮目相看。

"要搞清行凶的理由，我们需要从头梳理一下案情。第一，凶手使用的凶器是画廊内的雕塑作品，这说明凶手没有提前准备凶器，也就是说，行凶是一时冲动。第二，画廊里一片漆黑，不知道目标人物在哪里，更没有一击毙命的保证。即便如此，凶手还是在黑暗中动了手。这意味着凶手无所谓对方是谁，也不是非要夺人性命，只要能伤到人就行。武幸老师只是碰巧被凶器击中了头部，所以才不幸去世了。"

"凶手无所谓对方是谁，也不是非要夺人性命，只要能伤到人就行？这话是什么意思？"

"凶手是想在我们之中制造出一名伤员。"

"伤员？"

"各位知道'分诊'这个词吗？"

"我知道。就是在发生重大事故或灾害，伤员非常多的时候，根据伤势的严重程度对伤员进行筛选，确定治疗的优先顺序的制度吧？"

"对。伤员的紧急程度各不相同，被困人员肯定也有轻重缓急之分。因为这次的塌陷事故，电力、煤气、自来水等基础设施都瘫痪了，肯定有很多人在等待救助。救援队的资源不是无限的，如果有很多人需要救助，他们肯定会优先救助情况比较紧急的。有伤员，正是一种急需救助的情况。"

和户听出了会田真帆的弦外之音。

"停电的时候，我们都没有受伤。换句话说，我们是一群优先级比较低的救援对象。凶手想通过制造伤员提高我们的优先级，于是他殴打了武幸老师。之所以选择武幸老师，是因为他的手机上有夜光挂饰，在黑暗中也很容易锁定位置。凶手只想制造伤员，根本没打算杀他。谁知偏偏打中了要害，把武幸老师打死了……"

"可凶手为什么不惜干出那种事，也要提高救援的优先级啊？他又没受伤，没有性命之忧啊。"

"也许凶手是受不了这片黑暗吧。他一秒都不想在这里多待，为了赶紧出去，不惜伤人提高优先级。凶手肯定有黑暗恐惧症。"

"黑暗恐惧症？"

"黑暗恐惧症是一种极度畏惧黑暗的焦虑障碍。凶手有这种心理疾病，在这样的空间久留让他痛苦难耐。黑暗恐惧症的身体症状包括呼吸急促、大量出汗、恶心、颤抖、心悸等。如果我们之中有人出现了这些症状，那他就是凶手。"

"有人出现这些症状吗？"

"恕我冒昧，村濑女士，请问您有吗？"

"你可别血口喷人啊！"村濑芳子很是不悦地说道，"我确实有些害怕，但那不是因为我怕黑，而是因为我不想跟一个杀人犯待在一起。如果我怕黑，刚停电的时候就该失去理智了。"

"也是。"

会田真帆勉勉强强地回答道。

"为了证明我没有黑暗恐惧症，现在冷静得很，我也想发表一下自己的推理。"

和户大吃一惊。华生力似乎在村濑芳子身上也发挥了作用。她用比之前平静得多的语气说道：

"所有人都被困住了，很容易锁定凶手，而且周围一片漆黑，不一定能造成致命伤。凶手为什么要在这样的不利条件下行凶呢？——正如会田小姐所说，我认为这就是本案的关键所在。要解开这个谜，我们需要充分考虑到本案的特殊之处。"

"特殊之处？"和户问道。

"凶手把雕塑作品用作了凶器。"

"这与本案有什么关系啊？"

"会田小姐认为，使用画廊内的雕塑行凶，说明这是冲动犯罪。我同意她的看法，但我认为我们也要考虑到，将雕塑用作凶器还有另一意义。"

"另一意义？"

"就是'雕塑本身的价值'。"

"我还是不太明白……"

"来看展览的凶手深深迷上了那件雕塑作品。这里展出的所有作品都是可以购买的，可大前武幸老师的作品哪里是随随便便就能买得起的啊，每一件都能卖出几十万、上百万的价格。凶手没那么多钱，实在买不起。他也许可以回家想办法筹钱，可万一这件作品在他筹钱的时候被别人买走了呢？……就在他一筹莫展的时候，突然停电了，画廊里一片漆黑。这时，凶手灵机一动：如果他用那件作品打伤某个人，作品就会作为凶器被警方没收，不会被其他人买走。于是他一时冲动，实施了犯罪。凶手不是不顾黑暗贸然行凶，而是因为黑暗才下了决心。要不是画廊里漆黑一片，他哪怕伸手碰一下展品，都会被接待员会田小姐逮住盘问一番吧。"

"有道理……"

"那么谁是凶手呢？会田小姐要是看中了某件作品，完全可以利用接待员的身份不让别人买走它。有购买意向的人找过来了，她也可以撒谎说作品已经卖掉了。所以，会田小姐不是凶手。"

"太好了。"会田真帆似乎松了口气。

"而丰川先生穿着考究的西装，体形富态，一看就是有钱人。他要是有看中的作品，肯定能直接买走的。所以丰川先生也不是凶手。"

"不敢当，不敢当。"丰川俊辅苦笑着说道。

"至于和户先生……恕我冒犯，只是和户先生年纪轻轻，看起来也不像有钱人。另外，凶手能立刻想到凶器会被警方没收，这说明凶手很熟悉警方的调查程序，而和户先生是搜查一课的探员，也符合这个条件。也就是说，和户先生才是凶手。"

"——我是凶手？"

和户惊愕不已。

"没错，你就是凶手。凶器会被送去案发现场的片区警署对吧？身为搜查一课的探员，你总能找到借口去看看作为凶器存放在警署的作品，不是吗？"

和户清了清嗓子。

"呃……各位都是大前武幸老师的粉丝，有些话实在不好说出口，可我是一点都不明白他的作品好在哪里。我不会迷上他的作品，更不会因为怕别人买走就冒出把作品当成凶器的念头。"

"你说你不知道大前武幸老师的作品好在哪里？"

村濑芳子的声音充满了难以置信。

"是的，实在抱歉……好比放在画廊正中央的那件叫《十字路》的作品吧，我看到它的时候，还纳闷它跟摆成十字形的下水道陶管有什么区别呢……"

"你拿《十字路》跟十字形的下水道陶管比？"村濑芳子似乎受

了极大的刺激，"对不起，我收回刚才的推理。你绝对不是凶手。"

"多谢理解。"

"天哪，世上竟然还有人不懂大前武幸老师的作品好在哪里。你是凶手该有多好啊……"

至于这么损我吗？……和户暗自嘟囔道。

4

就在这时，丰川俊辅沉稳的声音响起：

"听会田小姐和村濑女士发表各自的推理，我的脑子也跟着转了起来，想到了另一种可能性。"

第三个发表推理的人出现了。华生力似乎产生了相当强大的作用。

"凶手为什么要在被困于画廊的状态下行凶呢？此时动手，肯定会被立刻揪出来的。再加上周围一片漆黑，不一定能一击毙命——答案只有一个：犯罪行为发生在凶手被困在画廊之前。"

"被困在画廊之前？"

和户鹦鹉学舌般地反问道。连他自己都觉得自己颇有几分华生的风范。

"没错。被困在画廊之前，也就是停电之前。所以凶手有条件瞄准目标，挥下凶器。"

"可大前武幸老师是在停电之后遇害的啊，当时画廊里已经是一片漆黑了。"

"问题就出在这儿。我们看到的大前武幸是冒牌货。真正的大前武幸老师早就遇害了。"

丰川俊辅语出惊人，和户不禁哑然。

"冒牌货？"

"没错，长得和他一模一样的冒牌货。"

"上哪儿找这样一个人啊？"

"大前武幸老师有一个双胞胎哥哥，名叫大前文幸。他就是凶手。文幸在上午十点画廊开门之前，也就是会田小姐来到接待处之前就溜进了画廊，杀害了武幸老师。然后，他把尸体藏在了画廊中央的作品中。"

"藏在了《十字路》里？"村濑芳子插嘴道。

"是的，就藏在那件作品里。文幸假扮成武幸老师出现在我们面前，企图让我们认定武幸老师还活着，然后伺机离开画廊。谁知受塌陷事故的影响，电梯停止运行，紧急逃生门也打不开了，于是他就走不了了。

"画廊里漆黑一片，我们决定轮流做一下自我介绍。文幸是以武幸的身份出现在我们面前的，当然要说自己是大前武幸。然后，他心生一计——

"他从《十字路》里拽出武幸老师的尸体，发出呻吟和倒地的声响，自己则躲进了《十字路》里。

"看到武幸老师的尸体，我们都认定他是刚遇害的，进而认为凶手是停电前出现在画廊的人——即凶手在我、和户先生、村濑女士和会田小姐之中。我们做梦也不会想到，自己亲眼看到的'武幸老师'既是冒牌货，又是凶手。文幸肯定是打算一直躲着，等恢复供电了，或者救援人员来了，把我们救出去之后，再偷偷溜走。"

"那按照你的推理，凶手现在就躲在《十字路》里面是吧？"
村濑芳子用瑟瑟发抖的声音说道。

"没错。和户警官，我们一起去检查一下吧。从《十字路》的两头往里找。"

和户一口答应，与丰川俊辅一起借着智能手机的淡淡亮光走向画廊中央的雕塑作品。两人弯下腰，用手机从雕塑两端照进去。

和户不禁倒吸一口冷气。雕塑里真有一个人。看来，丰川俊辅推理出了真相。

雕塑里仰面横躺着一个男人，头朝和户。他闭着眼睛，一动不动，似乎已经放弃了挣扎。

"喂！给我出来！"

丰川俊辅朝雕塑内部喊道。

"里面真有人啊？"

村濑芳子的声音含着惊恐。

"对——喂！快出来！"

丰川俊辅又喊了一遍，可雕塑中的人依然不动。

"没办法，只能把他拖出来了。"

"不，还是别轻举妄动为好，"和户劝阻道，"万一他出来以后大闹一通，事态反而容易失控。"

"也是。"

就在这时。

"哇！怎么黑漆漆的啊！"

雕塑中的男人忽然大喊一声，吓得和户腿都软了。只见那人一个翻身，改仰卧为俯卧，然后抬头看了看和户。

"你是谁？这里怎么这么黑啊？"

"是文幸先生吧？"

"是啊，怎么了？"

"杀害武幸老师的就是你吧？"

"我杀了武幸？你胡说八道什么呢？你到底是谁啊？这地方怎么

这么黑啊？"

"少给我装蒜！"

丰川俊辅来到和户身旁，对文幸怒吼道。

就在这时，和户发现了一件怪事。雕塑中的男人，并不是很像大前武幸。

"你真的是大前文幸先生吗？"

"是啊，我就是文幸啊。"

"可你长得不像武幸老师啊，明明是双胞胎……"

听到这话，雕塑中的男人很是不耐烦地说道：

"我跟武幸是异卵双胞胎，长得不太像再正常不过了。"

"那你就不可能在杀害武幸老师之后假扮成他了。"

"怎么回事？那人不是凶手吗？"

村濑芳子的声音飘来。

"好像是的，他长得并不像武幸老师，我不认为他能伪装成被害者。"

这时，会田真帆很是抱歉地说道：

"原来各位不知道武幸老师和文幸老师是异卵双胞胎啊。丰川先生发表推理的时候，我本想插嘴澄清一下的，可是没找到合适的机会……"

此外，和户还注意到，武幸手机上的夜光挂饰也否定了丰川的推理。如果（文幸假扮的）武幸真如丰川说的那样做了那么多事，夜光挂饰肯定会随之动来动去的。

文幸爬出雕塑，起身说道：

"你说我杀了武幸是什么意思？能给我详细解释一下吗？"

无奈之下，和户只好如实相告，说他们因为塌陷事故暂时无法离开画廊，而武幸也在黑暗中遇害了。他还复述了会田真帆、村濑芳子和丰川俊辅对本案进行的推理。文幸听得一脸茫然。

"话说回来，你怎么会躺在那种地方啊？"

"我睡着了。"

"怎么会在那种地方睡着呢？"

"我在画廊开门前来看弟弟的展览，看到这个圆筒形的雕塑，就想爬进去躺一躺。躺着躺着，就不小心睡着了……"

和户傻眼了。因为"想爬进去躺一躺"就钻进展品已经够惊世骇俗的了，更让人无语的是，文幸竟然在展品里睡着了。

"他就是凶手！"

村濑芳子喊道。

"可村濑女士，我的推理恐怕……"

不等丰川俊辅说完，村濑芳子便打断道：

"不！'凶手假扮成武幸老师'这一推论也许是错了，但这并不能改变这人就是凶手的事实。他居然在雕塑作品里睡着了，这也太可疑了吧！说不定他一直都很清醒，画廊一断电就爬出来杀害了武幸老师！"

太可疑了——单论这一点，和户也有同感。武幸给人以理智、有常识的印象，文幸却与他截然不同。

"能让我见弟弟一面吗？"

文幸问道。

"地上有个会发光的挂饰，能看见吗？武幸老师就倒在挂饰边上。"

听完和户的回答，文幸道了一句"谢谢"，然后朝那边走去。他也掏出手机，用屏幕照亮武幸的身躯。

画家低头盯着弟弟看了一会儿，开口说道：

"我知道是谁干的了。"

5

　　和户吃了一惊，下意识地把手机照向文幸的脸。文幸面露无畏的笑容。连这个案发期间呼呼大睡的人，都想用还没彻底清醒的头脑进行推理吗？华生力真有那么强大吗？

　　"凶手没有携带凶器，而是用画廊内的作品行凶，这意味着凶案带有突发、冲动的性质。凶手是来到这里以后才产生了杀意。换句话说，他来到这里之后发生的事情，极有可能就是凶案的导火索。"

　　和户回应道：

　　"来到这里之后发生的事情……是画廊因停电变得一片漆黑吗？"

　　"在会田小姐、村濑女士和丰川先生的推理中，画廊因停电变得一片漆黑都是非常关键的因素。对此刻置身于画廊的我们来说，周围一片漆黑确实是一件大事。但仔细想想就能意识到，我们来到这里之后发生的事情，并不仅限于停电变黑。"

　　"你是说电梯停运，还有应急逃生门被水管漏出来的水堵死，以至于我们都出不去了？"

　　"这也是一方面，但还有一件事被所有人忽略了。案发前，你们正准备用手机联系亲朋好友，免得他们看新闻得知塌陷事故后担心，不是吗？那也是我们来到画廊之后发生的事情。我认为，那就是凶案的导火索。"

"为什么啊？"

"因为有关凶案发生的时间节点。根据你的描述，大家刚说起要联系亲友的事情，凶案就发生了，不是吗？"

和户梳理了一下案发时的记忆，发现事实的确如文幸所说。

"那为什么打算联系亲友这件事会成为凶案的导火索呢？"

"如果武幸打电话给某人，那个人的电话就会响。如果他打的是手机，而手机铃声在这里响起了呢？"

"铃声在这里响起？怎么会呢？"

"因为凶手拿走了武幸打算联系的那个人的手机。武幸一旦给那个人打电话，那部手机就会在这里响铃。到时候，武幸就会知道凶手拿走了那个人的手机——凶手就是为了防止这种情况发生才殴打了武幸，想阻止他打电话。凶手的目的不是杀害武幸，而是不让他打电话。所以即使在黑暗中动手可能无法造成致命伤，凶手也不在乎。"

这番推理着实大胆。一时间，和户难以接受。

"等一下！照你的说法，凶手拿走了武幸老师准备联系的那个人的手机，对吧？那他直接关机不是更快也更安全吗？何必动手殴打武幸老师呢？"

"这话没错，最简便易行的办法是直接把拿来的手机关了。但凶手并没有这么做。唯一说得通的解释，就是凶手把那部手机弄丢了。"

"弄丢了？可凶手不是害怕手机在这里响铃吗？那就说明他知道手机在这间画廊啊。明知道手机在哪儿，又怎么会弄丢呢？早知道手机就在这里，找起来应该很容易啊。"

"凶手知道手机在这间画廊，却没能找到。为什么呢？因为周围一片漆黑啊。"

和户恍然大悟。

"看来你已经反应过来了。凶手是在画廊变黑之后才弄丢了拿来的手机。大概是一不小心松了手。因为周围太黑了，他不知道手机掉在了哪里。"

"哦……"

"那么，弄丢手机的人——也就是凶手到底是谁呢？置身于黑暗时，人的一举一动都会非常谨慎。哪怕只是走两步，那也是战战兢兢的。所以照理说，就算他失手掉了手机，应该也能马上发现，并把手机捡起来。可凶手没能捡回手机。这意味着他很有可能是在因为摔倒弄出很大动静的时候丢了手机。因为动静太大，所以才没有立即察觉到手机掉了。"

"因为摔倒弄出了很大的动静？"

和户想起了之前的一幕。当画廊因第二次塌陷而摇晃时，会田真帆受了惊吓，撞到了放置作品的展台，跟展台一起摔倒了。如果她是在那个时候弄丢了拿来的手机，就必然会因为展台倒下的声响而无法立刻意识到手机掉了。另外，如果手机因为她倒地的势头顺着地板滑出去了，她就更不可能在黑暗中找到了。

"有人符合我说的这种情况吗？"

"有，接待员会田真帆小姐。"

"接待员？"

文幸用手机的亮光扫了一圈，最后停在会田真帆脸上。

"原来你才是凶手。"

尽管亮光微弱，和户却能看出她面色铁青，一副有话要说却说不出口的样子。挣扎过后，她双肩一垂，喃喃道："……是我干的。"

“你拿了武幸老师准备联系的那个人的手机？”

和户问道。会田真帆点了点头。

“那是谁的手机？”

会田真帆低垂着头，没有回答。文幸插嘴道：

“你拿了小兰的手机？”

“……对。”

“小兰是……？”

“是武幸的女朋友。”文幸回答和户。

“你拿走了那位兰小姐的手机？”

“……对。我想知道她和武幸老师都聊些什么，想知道武幸老师喜欢什么，想知道怎么样才能让武幸老师喜欢上我……”

看来会田真帆倾心于大前武幸，对他的女友小兰产生了嫉妒。她继续说道：

“大家说起要通知亲朋好友的时候，我就意识到，兰小姐要是看到了报道塌陷事故的新闻，肯定会很担心的，因为她知道武幸老师在临近事故现场的大楼地下画廊举办个人作品展，所以武幸老师肯定会打电话给她报平安的……可武幸老师一旦给兰小姐打电话，她的手机就会响，而她的手机就在我这里。而且我把手机放在了手提包里，一看就知道是谁拿的。到时候，武幸老师一定会非常鄙视我的。把手机关了，它就不会响了，可我不小心撞到展台摔倒了，手提包掉在地上，手机也在那个时候滑了出去。周围一片漆黑，根本找不到手机，只能碰到掉在地上的雕塑。我实在没办法，只好抓起雕塑，对准夜光挂饰，砸向武幸老师，为了不让他打电话……”

她说：“这样总好过被老师鄙视吧，我没想到他会死啊——”

第三章
求婚者与下毒者

求婚者と毒殺者

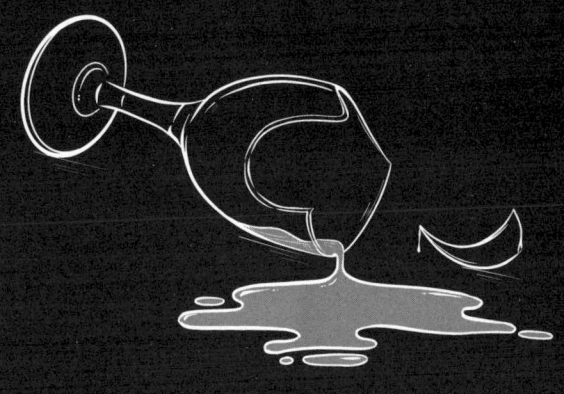

1

和户宋志敲了敲警视总监办公室的房门。

屋里飘出两个字："进来。"和户说了一句"打扰了",开门走了进去。此时此刻,他紧张得心脏都快爆炸了。

办公室中央摆着一张黑檀木书桌。坐在书桌后侧的警视总监指了指沙发,微笑道:

"来,坐吧。"

和户嘴上回答"遵命",却站着没动。

"别太拘谨,坐吧。"

和户回了一句"多谢长官",这才坐下。沙发蓬松得可怕,令他倍感忐忑。

警视总监找我什么事啊?和户纳闷极了。片刻前,在搜查一课的大办公室里,三组的组长吩咐和户去一趟警视总监办公室。和户吃了一惊,问警视总监有什么事,可组长似乎也一无所知。

警视总监盯着和户。和户分明感觉到冷汗顺着后背流下来。警视总监总不会是要当面开除他吧?过了好一会儿,警视总监终于开了口。

"和户啊，是这样的，有件事想请你帮个忙。"

"啊？"

"你听说过一个叫笹森俊介的人吗？"

"听说过，是笹森电机的董事长吧？"

笹森电机是日本最具规模的家电制造商之一。

"笹森先生在濑户内海的小岛上有一栋别墅。我希望你可以去一趟。"

"是要查什么案子吗？"

话刚出口，和户便察觉到了不对劲。不可能是为了查案子。濑户内海的小岛不在警视厅的管辖范围之内。只见警视总监笑嘻嘻地说道：

"他是我的好朋友。听说他正在为女儿物色女婿，想请几位女婿候选人去别墅做客，让女儿选一个看得顺眼的。你也是他指定的女婿候选人之一。"

"女婿候选人？"和户惊得差点跌下沙发，"我怎么会……"

"说是一个多月前，你在银座帮过一位遇到困难的老人家。那天你没当班。笹森目睹了那一幕，觉得你是个难得的好人，就让随行秘书跟了你一路，查清了你的身份。然后他就联系了我。他说有你这样的年轻人当警察真是太让人欣慰了，想把你也列入女婿候选人名单。"

"属下深感荣幸……"

"听说你是搜查一课第二强行犯搜查三组的？你们三组向来没有破不了的案子，别说是我们警视厅内部了，威名都传到全国各地了。能进三组的，那都不是泛泛之辈。不过你本人好像没破过什么大案……"

"属下惭愧……"

"当着你的面说这话可能不太合适，但我们警视厅有的是够格给笹森当女婿的青年才俊。"

"您说得是……"

"他完全没必要选你这样的平庸探员，有的是前途无量，职级也拿得出手的年轻人。"

"那是自然。"

和户越听越觉得，警视总监是在损他。

"我也推荐了几个不错的人选，可笹森认准你了，非你不可。看来他是相当中意你啊。"

"属下惶恐……"

"你会去的吧？"

"属下乐意之至。"

和户怀着沉重的心情回答道。

"那就好。毕竟这件事关乎我们警视厅的威信啊。"

"警视厅的威信？"

不祥的预感掠过和户的心头。

"除了你，还有三位候选人。他们分别来自财务省、经济产业省和国土交通省，都是通过了高级公务员考试的精英，潜力无限。国家级政府部门的人都没把警视厅放在眼里，觉得我们充其量不过是个都道府县级别的机构。岂有此理！我们警视厅负责保卫日本首都的治安，还有比这更重要的任务吗？那些政府部门的人天天过得逍遥自在，还不是因为我们警视厅默默守护着东京的治安啊！竟敢瞧不起我们，太不像话了！"

咚！警视总监对准书桌便是一拳。和户想起了一条小道消息——据说警视总监在学生时代被现任财务省事务次官（东大法学院的同学）抢了女朋友。

大概是拳头的疼痛让警视总监回过了神。

"呃，抱歉抱歉，越说越激动了。总之，你作为女婿候选人，也绝不能输给那些国家级政府部门的人。给我好好表现！只准成功，不准失败！"

2

　　笹森俊介的别墅位于南门岛。那是一座直径约一千米的小岛，距离冈山县西南角的笠冈港约有两千米。

　　七月二十九日恰逢台风来袭。天气预报称，冈山县南部当天下午四点左右将有暴风雨。但笹森俊介将按原计划招待各位女婿候选人。笹森俊介自不用说，他的女儿月子和候选人也都不是闲人，天知道什么时候才能再挤出时间来。

　　和户赶到笠冈港的时候，风雨已经相当猛烈了。下午两点，一行人先在笠冈港的百日红咖啡厅集合。

　　和户走进破旧的咖啡厅时，另外三位候选人已经到了。他们旁边还坐着一位身材矮小的老者。那是谁啊？和户定睛一看，吓得心脏差点停跳。那人正是日本首屈一指的家电厂商的董事长，笹森俊介。相貌平凡的他完全融入了店内的光景。

　　"可把你盼来啦！"

　　笹森俊介笑吟吟地伸出手来，和户惶恐不已。

　　之后，笹森把另外三位候选人介绍给和户。财务省的安住浩平，经济产业省的伊神明彦，国土交通省的宇多武志。他们看起来都是二十五岁到三十岁的年纪，与和户差不多。安住温文尔雅。伊神戴着眼镜，颇有些学者气质。宇多则晒黑了皮肤，走运动员路线。三人各有千秋，却都给人以聪明能干的印象，是不折不扣的青年才俊。和户只觉得自己格格不入，真想掉头就跑。

"这位是和户宋志，是警视厅搜查一课的希望之星。我想在候选人里加一位警官，就请他来了。"

笹森俊介简直把和户吹上了天。

三人起初露出十分警惕的眼神，仿佛在说："怎么又冒出了新的对手？"但他们似乎很快就认定了和户没什么竞争力，眼中的戒备迅速消失，就好像出现在他们眼前的是一只人畜无害的动物。

"那就坐船上岛吧。台风快来了，还是赶紧动身为好。"

笹森俊介一声令下，众人便离开了咖啡厅。他们将搭乘笹森俊介包下的船前往南门岛。船是本地旅行社的。

"台风快来了，还麻烦你开船，真是太不好意思了。"

笹森俊介走向船长，鞠躬说道。

"瞧您说的，您平时那么照顾我们……"

船乘风破浪，在十多分钟后到达了南门岛。小岛总的来说地势平坦，一眼就能看到建在小岛中央的两层别墅。

栈桥上有两个撑着伞的人影。一个是五十多岁的男人，另一个则是二十出头的女人。

"月子小姐——"

安住使劲挥手，岸上的人也挥手回应。她身材高挑，长得相当漂亮。和户分明听见，伊神和宇多咽了咽嘴。

船靠上栈桥，和户等人依次下船。

"现在往回赶太危险了，要是你不介意，就来我家歇一歇吧！"

笹森俊介对船长说道。

"使不得，我老婆肯定要数落我的，怪我这个粗人打扰您物色女婿。您放心，现在回去还来得及。"

说完，船长便开船回笠冈港去了。

"月子，这位是警视厅搜查一课的和户先生。"

笹森俊介把和户介绍给女儿。月子瞥了和户一眼，说了句"请多关照"，但似乎立刻对和户失去了兴趣。另外三位候选人争相跟月子打招呼。三人似乎都见过月子很多次了。月子和他们聊得还算不错。

"只准成功，不准失败！"警视总监下了死命令，可和户打从一开始就没站上赛场，怕是连失败的资格都没有。再这么下去，等他回了东京，天知道警视总监会有什么反应。万一为这事丢了饭碗……和户越想越郁闷。

那个五十多岁的男人是笹森家的管家，姓平山。身材高大魁梧，西装笔挺，样式朴素却显得档次颇高。他留着胡子，长相很是俊朗，比和户中看多了。

在倾盆大雨中，一行人往小岛中央的别墅走去。

几位候选人先被带去了会客室。安住、伊神、宇多毫不掩饰对其他人的敌意，竞相与月子搭话。笹森俊介一言不发，只是微笑着在一旁观察。

过了一会儿，平山来到会客室，表示一切准备就绪，带候选人前往客厅。伊神却说："我去一下洗手间。"然后便熟门熟路地走开了。看来他来过这栋别墅。

笹森俊介说："我去书房待会儿，不碍着各位了。"说完便去了二楼。

客厅非常宽敞，足有三十张榻榻米那么大。房间两侧都是高大的玻璃窗，小岛全景尽收眼底。也许是因为台风正在逼近，岛上的树木正在剧烈摇摆，远处的海面也是灰蒙蒙的，波涛汹涌。

一张铺着白色桌布的长桌靠墙摆放。桌上有三个银盘，里面盛有三明治、开胃薄饼等小食，外加三列倒有红酒的玻璃杯，每列五杯。酒杯旁边放着一瓶看起来非常昂贵的红酒。杯中的红酒应该就出自这个酒瓶。

"拉菲[1]啊，笹森家出手就是大方。"

安住一声感叹，率先走向酒杯。和户和宇多眺望了一会儿窗外的景致，然后几乎同时走向长桌，拿起酒杯。

安住本已端着一杯酒，却见他把酒杯放在客厅角落里的圆桌上，装模作样地邀请月子共舞。月子点了点头，吩咐平山放点音乐。优雅的华尔兹传来，两人踩着音乐的节拍，在客厅中央翩翩起舞。和户觉得自己仿佛穿越进了一部老电影。

去上洗手间的伊神姗姗来迟，最后一个走进客厅，拿起酒杯。他一脸不爽地看着安住和月子跳舞，然后一手端着酒杯，在客厅里走来走去。

"你是警视厅搜查一课的吗？"

宇多主动与和户搭话。他大概是完全没把和户当成对手，语气很是亲切。和户点头回答是的。

"我特别爱看推理小说，早就想跟搜查一课的警官聊一聊啦！"

"现实生活不比推理小说，没有那么多离奇的案子……"

"听你讲讲实际发生过的案子也很有意思啊。"

"要不去那边聊吧？"宇多示意和户去客厅角落的圆桌那边。安住刚才放下的酒杯就在那张桌子上。

和户和宇多拿着各自的酒杯聊了一会儿。宇多似乎很喜欢推理小

1　拉菲，即拉菲红酒（Château Lafite-Rothschild），拉菲酒庄出品的红酒，该酒庄是法国波尔多五大名庄之一，历史悠久。

说，自己杯子里的酒都顾不上喝，一个劲儿地跟和户打听警界内幕。

一曲华尔兹结束，安住和月子双双停下。安住瞥了伊神和宇多一眼，见两人都没有邀请月子跳舞的迹象，不禁咧嘴一笑，又和月子跳起了一首华尔兹。莫非伊神和宇多不擅长跳舞？

和户跟宇多聊了一阵子，忽然想上洗手间。"我失陪一下。"他跟宇多打了声招呼，把酒杯留在圆桌上，走出了客厅。

别墅大得可怕，一不小心就会迷路。和户逮住一位路过的女佣，打听洗手间在哪里。上完洗手间，他又好不容易找回客厅，总算是没有迷路。一回到客厅角落的圆桌，站在桌边的宇多又迫不及待地过来搭话了。

安住和月子又共舞了一曲。安住也许是口渴了，只见他走到和户和宇多所在的圆桌前，拿起放在桌上的酒杯。他似已胜券在握，对着两人咧嘴一笑，喝了起来。到底是温文尔雅的帅哥，那动作很是养眼。

"咕咚咕咚……"安住连喝数口。突然，他皱起眉头。酒杯也从手中滑落，碎了一地。安住竟挠起了喉咙，挣扎着栽倒在地。

"安住先生！"月子一声尖叫。

就在众人呆若木鸡时，和户第一个回过神来，冲到安住身边。然而，他已无能为力。安住似乎已失去意识，身体不住地抽搐。他刚才喝下的酒里肯定有毒。和户试图催吐，奈何安住牙关紧咬，连一根手指都插不进去。眼看着安住的抽搐愈发无力，最终停止不动。

和户已经摸不到安住的脉搏了，把手举到安住的鼻边，也感觉不到他的呼吸。仔细观察他的眼睛，只见瞳孔放大，一动不动。安住已经死了。

能不能判断出毒药的种类？和户战战兢兢地把鼻子凑近安住的嘴边。他闻到了一股微弱的苦杏仁味。

"应该是氰化钾。"

和户说道。安住迅速失去意识，出现痉挛，并在短时间内毙命。这几点都能证明酒中的毒物是氰化钾。

"他是自杀的吗？"宇多问道。

"他怎么可能刚和我跳完舞就自杀呢！肯定是被人毒死的！"

月子说道。这理由未免也太自以为是了，和户不知该说什么才好。

"平山，快去通知父亲，然后报警。"

管家领命而去。片刻后，笹森俊介冲进客厅。他痛心疾首地俯视安住的遗体，然后柔声对女儿说道：

"月子，你还好吧？"

"我很好，父亲。我才不会因为少了一个候选人就垂头丧气呢。"

这番话也让和户大跌眼镜，笹森俊介却点了点头，一副觉得女儿格外可靠的样子。

三四分钟后，平山回到客厅。

"我已经报警了，但警方表示，船只和直升机都无法在这样的台风天出动，所以他们无法立刻赶来。我听说和户先生任职于警视厅，就擅作主张告诉了对方。对方想请和户先生在探员赶到现场之前代为开展调查。另外，对方想直接与和户先生通话。能否请您随我来一趟？"

和户在管家的带领下走进电话室，与冈山县警搜查一课的探员进行了沟通，并简单介绍了现场的情况。"还好有你在！"探员连连感叹，"在我们的人赶到之前，还请你帮忙保护现场。"说完，对方就挂了电话。

3

当和户回到客厅时，所有人都戳在原地，活似一尊尊雕像。和户心想，华生力差不多该起效了吧……

"我知道谁是凶手了。"

伊神突然说出了这么一句话，惊得众人齐刷刷地望向了他。看来，华生力已经开始发挥作用了。

"我知道谁是凶手了。"

伊神轻推眼镜，再次强调。

"凶手是谁？"笹森俊介问道。

"是宇多。"

听到这话，宇多差点就跳起来了。

"你说我是凶手？凭什么啊！"

"我说这话是有依据的。你刚才一直在跟和户聊天，对吧？我亲眼看见，你趁和户去上洗手间的时候，把自己的酒杯和安住的酒杯对调了。当时我站在门边，见原本在跟你说话的和户走出了客厅，就朝你看了一眼，没想到刚好看到了你对调酒杯的那一幕。"

和户惊讶地望向宇多。宇多竟然趁他上洗手间的时候做过这种事？在场的其他人也纷纷将视线投向宇多。

"宇多，你换过酒杯吗？"

笹森俊介问道。宇多本想否认，但最后还是不情愿地点了点头。

"对。我发现自己那杯酒里漂着软木塞的碎屑，觉得有点恶心。安住的酒杯就在旁边，于是我就换了一下。"

伊神斩钉截铁道：

"你撒谎！你明明是把氰化钾下进自己那杯化开，再和安住的酒杯对调。之所以没有直接把氰化钾下进安住的杯子，是因为氰化钾无法立即溶解，会在红酒表面留下一些粉末。要是被安住看见了，他肯定会起疑心。所以你先把氰化钾加进自己那杯，等充分溶解了再对调杯子。不过话说回来，'酒里漂着软木塞的碎屑'倒是个不错的借口，亏你想得出来。就算事后找不到碎屑，也能说成是安住咽下去了。"

宇多瞪了伊神一眼，晒成小麦色的脸上浮现出怒意。

"说得跟真的似的，难道你亲眼看见我往杯子里下毒了不成？"

"不，我没看见你下毒，只看见你对调酒杯。我当时就起了疑心，之后一直盯着你的一举一动。和户回来之后，你也没提换过酒杯的事情。"

"我换的又不是和户先生的酒杯，没必要告诉他啊。请不要因为我对调了酒杯就口口声声说我是杀人犯好吗？再说了，你说我往酒杯里下了氰化钾，可毒药总不能凭空被带来带去吧，总得装在容器里啊。如果我是凶手，那我把装毒药的容器放在哪儿了？我不介意接受搜身证明清白。"

笹森俊介将视线投向和户。

"你是专业警官，能否劳烦你搜一下宇多身上有无可疑物品？"

和户回答"好的"，在所有人的注视下对宇多进行了搜身检查，却没找到任何能用来装氰化钾的容器或纸包。如果条件允许，和户真想把在场的所有人都搜一遍，但目前有嫌疑的不过宇多一人，他实在开不了这个口。

宇多瞪着伊神说道：

"看见没有，我身上可没有装毒药的容器。"

伊神撇了撇嘴。

"你肯定是找机会偷偷扔了。"

"我哪儿来的机会啊？你说说看，我是什么时候扔的？我刚对调酒杯，和户先生就从洗手间回来了。之后我们一直都在一起。所以我根本没有机会扔。而且你看到我对调酒杯以后起了疑心，一直监视着我不是吗？那你看到我扔容器了吗？"

"没看到。"

伊神不甘心地回答，却随即两眼放光道：

"但我是在看到你对调酒杯以后才开始监视你的啊。说不定和户一去上洗手间，你就立刻把氰化钾放进了自己的杯子，把容器扔去了什么地方，做完这些事才对调了酒杯。"

"那你告诉我，我把容器扔哪儿去了？你说你当时在门边，看到和户先生离开客厅便看了我一眼，正好看到我对调酒杯的那一幕，对吧？我要扔容器，就只能在和户先生离开我身边之后、你朝我这边看之前动手。时间这么紧张，我能把容器扔哪儿去啊？"

"比如窗外！"

"别异想天开了，你看看窗外是什么情况。"

在场的所有人望向窗外。无数豆大的雨点敲打着玻璃窗，户外的景色朦朦胧胧，仿佛隔着一层磨砂玻璃。院子里的树木在风中摇曳，更远处的海面一片灰暗，风高浪急。

"外面是那样的天气，哪怕窗户只打开一条缝，风雨也会立刻吹进来，肯定会立刻被旁人发现的。"

"那你肯定是在开始跟和户聊天之前就往自己的酒杯里下了毒，然后把容器处理掉了。"

"不，这是不可能的。"和户插嘴道，"因为我和宇多先生是一起拿的酒杯，然后就走去了客厅的角落。开始跟我聊天之前，他没有机会往自己那杯酒里下毒。"

宇多得意扬扬地看着伊神。

"听见没？我只是对调了酒杯，可没有下毒。"

"那你换给人家的酒里为什么会有氰化钾？"

"唯一说得通的解释是，我从长桌拿酒的时候，那杯酒里已经有氰化钾了。"

"拿酒的时候，酒里已经有氰化钾了？"笹森俊介疑惑地皱起眉头，"这话是什么意思？那岂不是不知道谁会拿到下了毒的酒吗？难道凶手无所谓杀谁，只要有人死就行了？"

"不。我有一个坏习惯——看到一排酒杯的时候，我总会拿最后一排最右边的那个。很多人去超市买东西的时候，会刻意去拿摆在货架最里面的商品，这也是出于同样的心理。只要是知道我有这个习惯的人，就能让我拿到下了毒的酒。其他人不会这么拿，所以照理说是不会有别人拿到那杯酒的。"

"你的意思是，凶手本来想杀的是你，而不是安住？"

"对。谁知我一口都没喝，就把酒换给了安住先生，反倒害他丢掉了性命。"

"那凶手就是……"

"凶手知道我习惯拿最后一排最右边的东西。三个月前，我、伊神先生和安住先生以女婿候选人的身份参加过一场笹森先生主办的餐会。当时我也是那样拿酒的，所以出席那场餐会的人都有可能知道我的习惯。

"和户先生没有参加那次餐会，所以他不知道我有这个习惯。月子小姐也许知道，但她没有杀我的动机。恕我直言，餐会的主办者笹森先生也符合条件，但笹森先生这样的大人物总能找到人替他办事的，不需要脏了自己的手。所以笹森先生应该也不是凶手。"

笹森俊介苦笑道：

"呃，我可找不到人替我动手杀人啊。"

"那就只剩下伊神先生了。他知道我的习惯，所以把毒下在了我一定会拿的那杯酒里。"

伊神冷笑道：

"这太荒唐了。我杀你图什么啊？"

"我不知道你在想什么，也许你想得很简单，觉得只要把我除掉，就能少一个跟自己竞争的候选人吧。"

"我压根没把你放在眼里。而且你别忘了，我亲眼看见你对调了酒杯。假设我在酒杯里下了毒，想要除掉你，在我看到你对调酒杯的那一刻，就应该意识到计划失败了。照理说，我肯定会想方设法不让安住喝下毒药的，比如打翻你换给他的酒。没除掉想除掉的人，却害死了本不想杀的人，还有比这更可笑的吗？"

和户一愣，这番话确实有理有据。

"既然我没有那么做，那就说明我不是凶手。"

宇多沉默片刻，但他似乎很快就想到了反驳的说辞。

"不，不一定。也许是你看到我对调了酒杯，得知毒酒到了安住先生手里之后就临时调整了计划。只要让安住先生中毒而死，再把我对调酒杯的事情抖出来，让我背黑锅，就能一举除掉两个竞争对手了。"

"脑子转得还挺快。问题是，我根本就没有机会在长桌的酒杯里下毒。我在进客厅之前去了趟洗手间，所以我是最后一个走进客厅的。当时宇多手里已经拿着一个酒杯了。我不可能在他拿起酒杯之前来到客厅，把毒下进那杯酒里。"

"你是最后一个进客厅的人？真的吗？"

宇多环视四周：

"有人能做证吗？"

"嗯，确实是这样的。最后一个进客厅的确实是伊神先生。"

和户一边回忆，一边回答。

也许是受到了华生力的影响，伊神和宇多轮番告发对方。可是争了半天，却只争出了一个结论——两人都不可能行凶。不过话说回来，这两位可真是才智过人，能说会道，不愧是经济产业省和国土交通省的精英。

就在这时，月子厉声说道：

"我知道谁是凶手了。"

4

众人惊异地望向月子。月子如花似玉的脸上浮现出胜券在握的笑容。华生力似乎也开始影响她了。

"月子，你有把握吗？"

笹森俊介很是担心地问道。

"放心吧，父亲！"大小姐如此安慰父亲，用洋溢着自信的口吻徐徐道来，"刚才宇多先生说'凶手知道我习惯拿最后一排最右边的酒杯'。他认为只有参加了三个月前那场餐会的人才有可能知道，所以先排除了和户先生。接着，又因为没有作案动机或行凶与身份不符排除了我和父亲，并指控没有被排除的伊神先生是凶手。但讨论到最后，伊神先生也被排除了。乍看之下，似乎一个嫌疑人都没有了。然而，大家是不是漏掉了一个人呢？"

宇多面露疑惑。

"漏了一个人，谁啊？"

月子昂然道：

"安住先生。"

"安住先生？他不是被害者吗？"

"他是被害者没错，却是被误杀的被害者。凶手本想杀害宇多先生，谁知宇多先生对调了酒杯，造成了安住先生中毒身亡的结果。既然是这样，那么凶手就有可能是安住先生自己。因为他也出席了三个月前的餐会，也有可能知道宇多先生的习惯。

"进入客厅后，安住先生走向了酒杯。他就是在那个时候偷偷把毒下在了最后一排最右边的杯子里。之后，宇多先生也如他所愿拿起了那杯酒。但人算不如天算，就在安住先生和我跳舞的时候，宇多先生把他的酒杯换给了安住先生。安住先生毫无察觉，就这样喝下了自己下的氰化钾。用因果报应来形容整件事真是再合适不过了。"

说到这里，月子望向安住的遗体。

"安住先生是为了得到我才丧命的。我定会为造成他的死懊悔终生。"

被害者就是凶手……和户震惊于这出乎意料的推理。

宇多和伊神则迫不及待地送上赞誉。

"对哦，我怎么就没想到呢！安住先生肯定也知道我有那样的习惯，我却完全没考虑过他。"

"月子小姐就是厉害啊！也许装毒药的容器还在安住身上。他一直在跟月子小姐跳舞，应该没机会处理容器的。"

"搜搜看！"伊神说完便在遗体身边蹲了下来，把右手伸进遗体的裤袋摸索了一番。"找到了！"只见他掏出了一个东西——那分明是个白色的纸包。

"原来凶手是安住啊……"笹森俊介带着沉痛的表情说道。

就在这时，管家突然上前一步，开口说道：

"请各位稍等一下，现在就认定安住先生是凶手，是否过于草率了？"

"什么？"笹森一脸诧异。

"恕我直言，小姐的推理恐怕并不正确。"

大小姐顿时柳眉倒竖。

"我的推理不对？平山，你倒是说说看，我的推理怎么错了！"

"不知小姐是否允许我发表自己的推理？"

"随你的便！但你要是说错一个字，我就立刻开除你！"

华生力似乎也对平山起了作用。"咳咳……"管家清了清嗓子，如此说道，"我感觉小姐的四位候选人里，有两位的行为举止不太正常。"

"谁不自然了？怎么不正常了？"

"安住先生、伊神先生和宇多先生总是竞相与小姐交谈。然而在跳舞的时候，伊神先生和宇多先生都没有要邀请小姐的迹象，只有安住先生一直在和小姐跳舞。这就是让我觉得不正常的地方。伊神先生和宇多先生的舞技又不差，为什么不请小姐跳舞呢？"

月子被他一语点醒。

"对哦！为什么伊神先生和宇多先生不来请我跳舞呢？"

"呃，这……因为我有点累……"

"我的脚有点疼……"

两人都没料到这一问，顿时支支吾吾起来。

"伊神先生和宇多先生都没请小姐跳舞，导致安住先生一直陪着小姐，长时间远离自己的酒杯。所以宇多先生才有机会把自己的杯子换给安住先生。而且，由于伊神先生没有去跳舞，他才有机会目睹对调酒杯的那一幕。"

"你到底想说什么？"

宇多狠狠瞪着平山。那张晒黑的脸狰狞而扭曲，仿佛被裁判红牌罚下的足球队员。

"就是，有话就给我说清楚！"

伊神也瞪着平山。这位则像是被人指出论文造假的学者。

"那我就说得再清楚一些。案发后,伊神先生和宇多先生相互告发。

"首先,伊神先生表示自己亲眼看到宇多先生对调了酒杯,指控宇多先生把氰化钾加进自己那杯酒,然后换给了安住先生。

"针对这番指控,宇多先生表示自己没有机会扔掉装毒药的容器,以此证明自己没有在酒杯里下毒,还说他拿起长桌上的酒杯时,酒里就已经有毒了。他声称凶手原本想要除掉的是自己,凶手企图利用自己的习惯,让他拿到下了毒的酒。

"紧接着,宇多先生指控伊神先生把毒下进了长桌上的酒杯。而伊神先生表示,如果他是凶手的话,当他亲眼看到宇多先生对调酒杯的那一刻,就该意识到自己的计划失败了,会想办法打翻换给安住先生的那杯酒,不让安住先生喝下毒药。而且伊神先生来到客厅的时候,宇多先生已经拿起了酒杯,所以他根本没有机会下毒。

"伊神先生和宇多先生轮番告发对方,而通过反驳指控得出的结论是,两人都不可能行凶。"

伊神说道:

"那又怎么样?不可能就是不可能,还有什么好说的?"

"不,行凶并非不可能。伊神先生和宇多先生在某件事上撒了一个弥天大谎。只要能证明那是谎言,两位就有可能行凶。"

"弥天大谎?我说什么谎话了?"

"伊神先生说,他看到宇多先生把自己的酒杯换给了安住先生,而宇多先生也承认了,但这是二位编造的谎言。宇多先生并没有对调过酒杯。"

和户、笹森俊介和月子齐声惊呼。

"宇多并没有对调酒杯?此话当真?"

笹森俊介转向宇多。宇多急忙摇头：

"怎么会呢！我明明换了杯子啊！"

"不，宇多先生并没有对调酒杯。如果酒杯没有调换过，那就意味着氰化钾被下在安住先生原有的那杯酒里。

"伊神先生进入客厅的时候，宇多先生已经拿起了酒杯，因此伊神先生不可能把毒下进宇多先生的酒里——这就是大家认定伊神先生不可能行凶的理由。可要是酒杯并没有被调换过，那就意味着凶手并没有在宇多先生的酒里下毒。凶手是在安住先生的酒里下的毒。

"为了和小姐跳舞，安住先生把酒杯放了客厅角落的圆桌上。过了一会儿，和户先生和宇多先生才来到圆桌旁。伊神先生有可能趁此机会接近圆桌，把氰化钾放进安住先生的酒杯。换言之，伊神先生有可能行凶。"

和户想起来了。当时伊神一脸不爽地看着安住和月子，端着酒杯在客厅里走来走去。那个时候，他确实有机会接近放着安住那杯酒的圆桌。

"宇多先生之所以谎称自己对调了酒杯，是为了让大家误以为氰化钾经由宇多先生的酒杯进到了安住先生嘴里。如此一来，没有机会往宇多先生的酒杯下毒的伊神先生就没有了作案的可能。哪怕有人看到伊神先生靠近安住先生的酒杯，只要大家还认定毒被下在宇多先生的酒里，伊神先生就是安全的。而宇多先生也没有机会处理装毒药的容器，所以大家认为他也不可能实施犯罪。"

和户心想：原来是这样啊！他还以为伊神和宇多轮番推理是华生力的影响所致，殊不知，这一幕本就写在他们的犯罪计划之中。从四位女婿候选人中选出一位——受到这一大背景的影响，再加上伊神和宇多演出了互相敌视的样子，众人完全排除了两人共谋的可能性。

"伊神先生从安住先生的口袋里搜出了疑似用来装氰化钾的纸包，但他显然在检查遗体的口袋之前，就把纸包藏在了手里。他想把自己用过的纸包，当成证明安住先生是凶手的证据。伊神先生和宇多先生原计划由其中一人抛出安住先生才是真凶的推论，然后搜查遗体的口袋，发现纸包这一证据。谁知月子小姐替他们提出了这种推论，于是他们顺水推舟，利用这个机会假装发现了纸包。"

　　伊神和宇多脸色铁青。一看便知，平山的推理正中靶心。

5

"和户，大功一件啊！"

案发两天后，警视总监办公室。

坐在黑檀木办公桌后的警视总监喜形于色。

在平山做出那番推理之后，伊神和宇多立刻坦白了自己的罪行，全无抵抗之意。也许对自尊心极强的两人而言，被（他们心目中的）区区管家揭发才是更致命的打击。

根据他们的供述，伊神、宇多和安住已经作为笹森家的女婿候选人碰过好几次面了。渐渐地，伊神和宇多将安住视为头号劲敌，决定联手除掉他。这与在选举局势胶着，需要重新投票的时候，第二名和第三名常会为了淘汰得票最多的候选人联手，道理是一样的。两人相约，等除掉了安住，无论最后被月子选中的是谁，都要在资金层面向未被选中的一方提供尽可能多的支持。毕竟伊神和宇多都有创业和从政的打算，各方面都需要用钱打点。

他们制订了一套周密的计划，制造自己没有机会下毒的假象，同时把凶手的罪名扣在被害者安住头上。两人看似在互相告发，其实是在互相证明对方不可能作案。几轮告发过后，两人正准备抛出安住才是真凶的推理，月子却在此时恰好得出了同样的结论。

和户诚惶诚恐道：

"您过奖了，我只是做了些保护现场的工作而已。"

"不，身为女婿候选人，你就是最后的赢家。瞧瞧另外三位候选人，一个死了，两个被逮捕了。恭喜你啊！这也是我们警视厅的胜利！干得漂亮！"

"呃……多谢夸奖。"

呃……这样也算赢吗？这么说不太合适了吧……和户心里直犯嘀咕，可是眼看着警视总监笑得合不拢嘴，他当然是一句废话也不敢多说。

说到这里，警视总监又用万分同情的语气补充道：

"可惜月子小姐说现在招女婿还太早，决定去美国留学了。所以你们的婚事就这么算啦。"

"那真是太遗憾了……"

和户长舒一口气。

间奏 Ⅰ

饥饿感打断了和户的回想。他决定吃点东西。

他打开一盒能量棒，拿出里面的东西吃了几口，干巴巴的，并不美味，但他还是用矿泉水灌了下去。

囚禁和户的嫌疑人准备了食物和水，可见他并不打算杀害和户。食物和水大约够用十天。换句话说，嫌疑人最多打算囚禁他十天。那么，嫌疑人的目的究竟是什么呢？

难道是为了让和户在这十天里无法参与调查？准确地说，是为了不让和户所属的搜查一课第二强行犯搜查三组在这十天里受到华生力的影响？

问题是，和户十天不参与调查又有什么用呢？等他得救归队，三组的同事们仍会受到华生力的影响，耽误的调查进度也能立刻赶上。

和户所在的三组并不是特殊犯罪搜查组——即所谓的SIT，因此不用负责绑架、挟持人质等需要第一时间处理的案件。三组侦办的案件，都是已经发生的案件。拖上十天半个月，也不会对调查结果产生太大的影响。

既然如此，嫌疑人的目的就不会是让调查组在这十天里不受华生力的影响。那么，嫌疑人究竟有什么目的呢？

突然，和户灵光一闪。囚禁他的嫌疑人，是不是想让某个特定的人在这十天里受到华生力的影响呢？——比如他自己。

嫌疑人需要提升自己的推理能力，以解决某项难题。然而，他不想让包括和户在内的任何人知道这个难题具体是什么，所以他才绑架并囚禁了和户，确保华生力只能影响到他一个人。

那么，囚禁和户的究竟是谁呢？嫌疑人知道华生力的存在，这意味着嫌疑人曾受过华生力的影响。当时，他感觉到自己的推理能力得到了前所未有的提升，进而意识到是某种特殊的力量作用在了自己身上。

如果真是这样，那么嫌疑人就只可能是下面三种情况之一：三组的同事或上级、和户遭遇过的"暴风雪山庄"案件的相关者、和户任职于奥多摩派出所时遭遇的那起"不可能犯罪"的相关者。

嫌疑人发现自己的推理能力显著提升，怀疑其中有某种特殊力量的作用。这恐怕是因为推理能力的提升并没有维持很久，就迅速恢复了正常。三组的同事和上级长期受华生力影响，推理能力一直处于较高的状态，应该很难注意到特殊力量的存在。

至于"暴风雪山庄"案件的相关者和"不可能犯罪"的相关者，他们与和户共处的时间非常有限。也就是说，他们受华生力影响的时间非常短。所以他们应该可以清楚地认识到自己的推理能力在当时得到了显著提升，也相对比较容易察觉到华生力的存在。

综上所述，嫌疑人很有可能是"暴风雪山庄"案件的相关者，或者和奥多摩那起"不可能犯罪"有关……

第四章 雪日魔术

雪の日の魔術

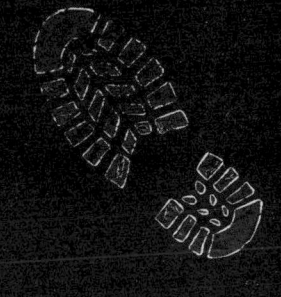
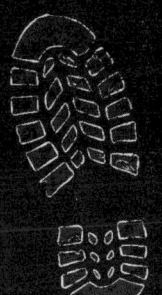

1

他太碍事了。

没他挡路该有多好。

我向来行事果决，一旦下定决心，就不会犹犹豫豫。我托了关系，找黑帮买了步枪。

步枪是我用惯了的武器。我要用这把枪，除掉他……

2

灰蒙蒙的天空下，大地银装素裹。

马路、树林和周围的群山，都被今冬的第一场雪染成了白茫茫的一片。

十二月上旬的一个清晨，东京奥多摩。和户宋志驾驶巡逻车行驶在积雪覆盖的车道上。

那年，和户二十四岁。当时他还是警视厅青梅警察署的一名巡警。大学毕业后，他考进警视厅，在警校接受培训后，被派往奥多摩派出所工作。

车道两旁是绵延不绝的树林。不见一个行人，来往的车辆都寥寥无几。过了一会儿，右手边的树林往远处退去，露出一片平地。看起来像平整过的建设用地，但还没有房屋建成。

放眼望去，平地上只有一处工地，用大概五米高的蓝色防水布围着。望向紧邻工地的马路，只见一辆白色轿车停在右侧的路肩上。车里好像没有人，车的周围也不见人影。和户顿觉可疑。刚下过这么大的雪，大清早的，驾驶员上哪儿去了？

他把巡逻车停在轿车前方，下车察看情况。冰凉的空气让他不由得浑身一激灵。探头观察车内，果然没人。一组脚印以驾驶座为起点，沿马路右手边的斜坡一路向上，通往建设用地。看脚印的大小，应该是个男人。

和户踩着雪，顺着脚印走去。积雪足有七八厘米深。咯吱，咯吱……脚下传来清脆的响声。

脚印经过蓝色防水布围起来的工地西侧，在转角右转。工地北侧有一处没拉防水布的门洞，供人出入。脚印消失在门洞之中。

和户注意到，还有一组脚印自工地东侧而来。看尺码，十有八九也是个男人。此人也走进了工地北侧的门洞。

和户正要进门，却见一个身着羽绒服的男人迎面冲了出来。他大概三十五六岁的样子，身材微胖，长得颇有亲和力。和户能隐隐约约听见古典音乐的旋律从他戴着的耳机漏出来。

"那辆白色轿车是您的吗？"

和户开口问道，男人却一脸迷茫。大概是音乐太响了，所以他听不见。和户指了指自己的耳朵，那人才急忙关掉耳机。和户又问了一遍，对方点头回答"没错"，随即指着门洞深处，用急促的口吻说道：

"先别管车了，出大事了！有人死在里头了！"

"有人死在里头了？"

和户大吃一惊，连忙探头向里望去。

被防水布包围的空间约有五十坪[1]。转角和关键位置插着杆子，杆子之间拉着格栅，格子大约十厘米见方。防水布就拉在格栅外侧。

防水布内的北半边被雪覆盖，南半边则是用混凝土铺设的半地下空间。半地下空间的地面略有些湿，雪都已经化了。和户先是纳闷，随后便想起他好像听说过混凝土是比较难冷却的。眼前的混凝土应该

1　坪，日本传统计量单位。1坪约等于3.3平方米。——编者注

是刚浇筑完毕，还带着热度，所以落在上面的雪很快就融化了。

然后，他便看见一个穿着大衣的男人倒在半地下空间的地面正中央。（详见图5）

那人趴在地上，头朝北，所以和户看不清他的脸。他的右手握着什么东西。来自工地东侧的脚印应该就属于他。

和户看了看手表，七点十五分。

他小心翼翼地走下楼梯，以免滑倒。半地下空间的地面比工地北半边低一点三米左右。他蹲在倒地男子身边，提心吊胆地摸人家的脉搏。虽然体温尚存，但此人显然已经没有了脉搏。和户能感觉到自己的身体在颤抖。这是他当警察以来第一次遇到尸体。

他将尸体轻轻翻转过来，让死者仰面朝天。

那是一个二十五六岁模样的男人，戴着银边眼镜，皮肤在男人里算得上白皙。本该是翩翩公子，脸上却浮现出惊愕与痛苦的表情。

大衣胸口正中央被血染得鲜红，其中有一处小小的破口。解开大衣的扣子，翻开一看，毛衣胸前也有一个小洞，四周一片血红。可见死者是中了枪。

考虑到死者身体尚有一丝余温，血迹也呈鲜红色，想必他刚中枪不久。只是和户从没参与过凶案的调查工作，所以无法判断具体的死亡时间。

死者右手攥着的不是枪，而是红色的喷漆罐。和户环视四周，但防水布包围的空间里并没有枪的踪影。再者，死者胸口的枪伤周围并没有火药造成的焦痕，说明不是近距离射击。换言之，此人并非自杀。

和户没发现枪，却发现了一处异样。半地下空间的混凝土墙上，竟有圆形、三角形的涂鸦，用红色喷漆画成。这些涂鸦，似乎出自死者之手。

和户站起身来，询问那位战战兢兢看着尸体的发现者：

"您叫什么名字？"

"宫城时夫。"

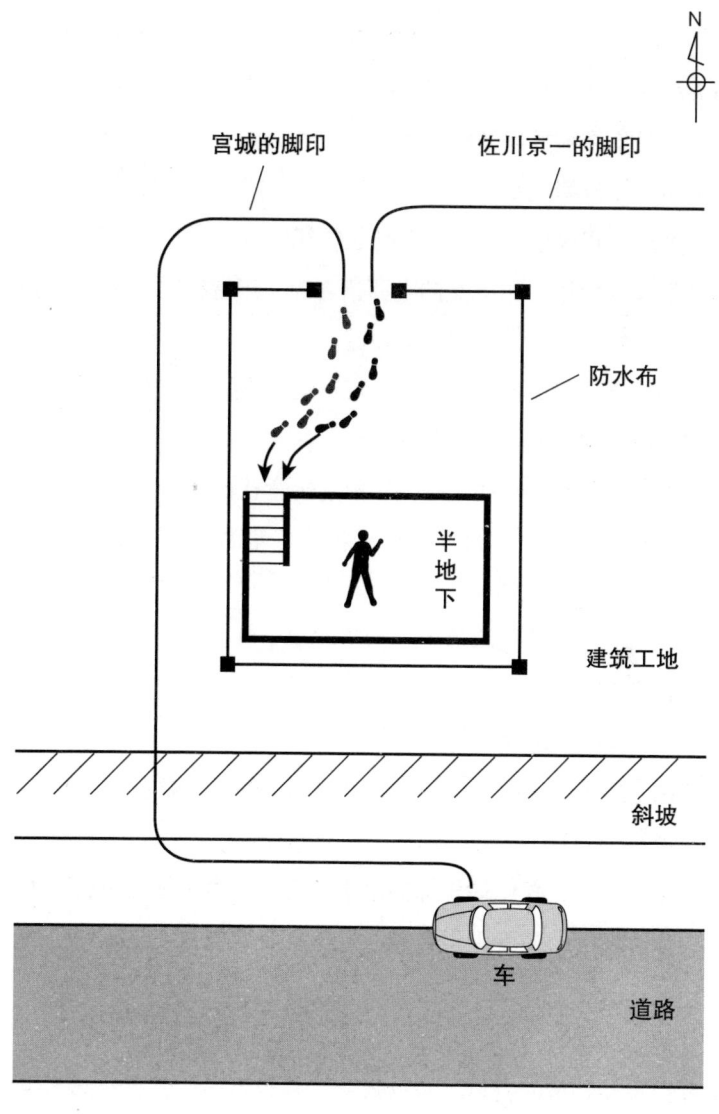

图5

"您是怎么发现这里有遗体的？"

"有人打电话叫我到这儿来。"

"有人给您打电话？"

"三十多分钟前，我在家接到一通电话，说'你那栋没完工的房子被人糟蹋了，赶紧去看看吧'……于是我就急急忙忙赶了过来。"

"这是您在建的房子啊？"

"对，刚打好地基……"

"您还记得电话里的声音有什么特征吗？"

"那人好像用手帕之类的东西捂着嘴，声音很闷，所以我也听不出对方的年纪，连是男是女都不知道。"

凶手是希望尸体被人发现吗？可这又是为了什么呢？

"您认识这位死者吗？"

"他叫佐川京一，我们是同一家射击竞技俱乐部的。"

射击竞技俱乐部？被害者死于枪杀。难道凶手是俱乐部的成员之一？

"佐川先生握着一罐喷漆，似乎在墙上画了些涂鸦。他是跟您有什么矛盾吗？"

宫城支支吾吾起来。

"说矛盾可能太夸张了……只是赛场上的竞争对手吧。"

"哦？"

"是这样的，我们俱乐部的水平非常高，出过好几个有实力竞争奥运会参赛名额的高手呢。我和京一是也有希望进入步枪项目的候选人……"

"这么厉害啊！"

和户重新打量起宫城。身材矮胖，其貌不扬，怎么看都不像个射击能手。

和户用手机联系了青梅警察署，简单传达了现场的情况。刑事课搜查组的探员立刻出动。

　　"请问……我可以打电话吗？"

　　宫城客气地问道。

　　"可以，不过您想打给谁？"

　　"京一的母亲和表哥。"

　　"您跟他们认识？"

　　"嗯，他们也是俱乐部的成员。京一的爷爷参加过奥运会的射击比赛，所以受他的影响，他们全家都爱好射击。"

　　宫城用手机打起了电话。

　　电话那头的声音隐约可闻，和户却能清楚地感觉到对方的惊愕。

　　直到这时，和户才察觉到一个天大的问题，不禁在心里暗骂自己怎么这么迟钝。

　　除去和户的脚印，通往案发现场的脚印只有两组。一组是被害者佐川京一留下的，另一组则出自遗体的发现者宫城时夫。那么，凶手的脚印呢？

　　佐川显然是刚遇害没多久。而这场雪是今天凌晨一点多停的。和户上的是夜班，从昨晚到现在一直没合过眼，这个时间肯定错不了。因此，案发现场不可能没有凶手进出的脚印。问题是，除了佐川和宫城的脚印，现场压根儿就没有其他脚印。

　　和户走上楼梯，离开了半地下空间。刚打完电话的宫城急忙跟来。和户从门洞走到室外，沿防水布顺时针走了起来。

　　"您这是做什么啊？"

　　宫城好奇地问道。

　　"我在找凶手的脚印。"

　　"凶手的脚印？"

佐川京一的脚印自东侧的远处而来，横穿建筑用地。脚印的来处有一片树林。和户能隐约看见树林跟前停着一辆摩托车。佐川肯定是骑那辆摩托车来的。他毕竟是来涂鸦的，所以不敢把自己的摩托车停在工地边上，生怕被人撞见。

和户继续行走，来到了工地南侧。离防水布一米多远的地方有一道斜坡，斜坡之外便是和防水布平行的马路。宫城的车孤零零地停在路肩上。马路后面则是树林。和户接着走，途经工地西侧，最后回到北侧。

和户有两点发现：第一，工地周围的雪地上确实只有佐川京一和宫城时夫的脚印（说得再严谨些，当然还有和户自己的脚印），并没有疑似属于凶手的脚印。

第二，防水布上没有一处疑似被子弹打穿的洞。当然，围住工地的防水布并非长长一条，而是好几条拼接起来的，但防水布在交接处相互重叠，所以中间没有缝隙。因此，从工地外射出的子弹不可能穿过防水布之间的缝隙，射中里面的佐川。换句话说，被害者是在防水布围起来的空间内中枪的。

问题是，现场没有凶手的脚印。在防水布围起来的空间内，半地下部分因混凝土尚存的热量没有积雪，所以不会留下脚印，可剩下的另一半空间和防水布外的区域都有积雪。照理说，地上必然会留下凶手进出现场的脚印。可和户找来找去，却只发现了佐川和宫城的脚印。

宫城像是突然反应了过来，问道：

"您不会是在怀疑我吧？"

"既然没有凶手的脚印，那么这种可能性就是存在的。我检查过佐川先生的遗体，他好像是刚遇害没多久。你说你发现了遗体，但你也许就是行凶的人……"

宫城似乎被吓到了，后退一步道：

"话可不能乱说啊！我没有杀京一！"

"说不定你当时正想逃离现场，却碰巧遇到了我，于是急中生智，假扮成了发现遗体的人。"

"如果是我杀了京一，那用作凶器的枪肯定在我身上吧！给我搜身好了，一搜就知道我身上根本没！"

"那就冒犯了。"和户打了声招呼，然后按警校教的方法仔细搜查了宫城的全身。冬天穿的衣服多，身上更容易藏东西。和户搜了半天，却没有搜出枪支。而且宫城两手空空，连个包都没拿。

"看见没！这样就能证明我不是凶手了吧！"

"说不定你是看到我来了，就找了个地方把枪扔了。"

"那你在这附近找找看啊！"

"等青梅署的探员来了，我自然会去找的。现在就我一个人，无法开展搜索工作。"

3

　　大约十五分钟后，青梅警察署刑事课调查组与鉴证人员乘坐警车赶到现场。鉴证人员率先开展现场勘查。上级安排和户守在案发现场外面，防止围观群众擅自靠近。不过刚下过大雪，又是早晨七点多，再加上案发现场在深山里，别说是围观群众了，连个过路人的影子都没有。和户闲得慌，便竖起耳朵听着探员们的对话。因为四周很安静，即便探员们小声说话，他也能听得清清楚楚。

　　验尸官表示，死亡时间应该在三十到四十分钟前，也就是七点左右……被害者不是当场毙命，但也撑不了多久……而和户是在七点十五分发现了遗体，可见佐川京一确实是在被发现前不久遇害的。

　　由于现场没有凶手的脚印，探员们与和户一样怀疑到了宫城头上。宫城也许是在遇到和户前不久开枪射中了佐川京一，然后把枪扔了。探员们在工地周围五十米的范围内进行了搜索，却没有找到枪。

　　"我都说了，不是我干的！"

　　和户看见微胖的宫城在探员面前据理力争。

　　如果他不是凶手呢？和户琢磨起来。

　　如果凶手是在工地射杀了佐川，"没有凶手的脚印"就是绕不过去的问题。那就只能换个角度想——如果凶手是从远处狙击了佐川呢？然而，工地被防水布围得严严实实，防水布上没有弹孔，交接处也没有缝隙。因此，只能假设子弹是通过防水布上唯一的开口——工地北侧的门洞飞进去的。换句话说，子弹来自工地北侧的建筑用地。

探员们似乎也想到了这种可能性。他们把监视宫城的任务交给和户，开始调查北侧的建筑用地。不过看他们的神情，那边的积雪中不仅没有凶手的脚印，也找不到其他痕迹。建筑用地之外是一片树林，但树林的地面上好像也没有脚印。"凶手开枪的地方"仿佛压根儿不存在一样。

假设凶手是在工地内开枪射杀了佐川，"现场周围没有凶手的脚印"就成了大问题。可要是假设凶手在工地之外狙击佐川，却又找不到疑似狙击点的地方。

刑事课搜查组的探员们一筹莫展。

"那就让我们领教领教本厅的人有多大的本事吧。"

某人自嘲道。听说大本营设在樱田门本厅办公楼的警视厅搜查一课至少还需要一个小时才能赶到案发现场。

和户和宫城一起看着探员们忙里忙外。这时，一位探员走了过来，招手示意和户过去，然后对他耳语道：

"在本厅的人赶到之前，让宫城坐在你的巡逻车里等着。他很有可能是凶手，但我们还没搞清他的作案手法。说不定他会在聊天的时候露出马脚，你可得盯紧了！"

4

　　和户坐在巡逻车的驾驶座上，宫城坐在副驾驶座上。两人聊了会儿天打发时间。原来宫城是青梅市公所的职员。和户问，你家房子的半地下空间是做什么用的啊？宫城回答，我想弄个酒窖来着，好不容易盖了房子，却出了这种事情。宫城似乎很沮丧。综合种种情况，宫城是凶手的可能性极高，但他看起来实在不像是凶手。

　　大约三十分钟后，两辆轿车几乎同时抵达现场。一辆黄色，一辆深蓝色。一个五十五六岁的女人和一个三十出头的男人分别下了车。

　　女人的眼睛哭得又红又肿。她穿着皮草大衣，一看就是阔太太。男人戴着眼镜，散发着聪明伶俐的气场。

　　"那是京一的母亲辉美，还有他的表哥山口升。"

　　宫城用同情的口吻说道。

　　两位探员迎了上去。两人还没说几句话，探员就低下了头。应该是辉美与山口自报家门，然后探员表示了慰问。

　　之后，探员开始向他们提问。回答时，辉美用手帕按着眼角，山口也是一脸沉痛的神情。

　　过了一会儿，探员大概是问完了。只见两人在探员的带领下走向巡逻车。探员打开门，向和户表明两人的身份，然后让他们也坐车里等着，直到搜查一课的探员赶到现场。两人坐上后排，探员便走开了。

副驾驶座上的宫城转身对后排的辉美说道：

"佐川女士，请节哀……"

话音刚落，辉美就对宫城吼道：

"是你害死了京一！"

宫城似是被她的气势吓到了，矮胖的身子缩成一团。

"话可不能乱说啊，我杀京一干什么啊……"

"你和京一在争夺奥运会候选人的名额！京一一死，你肯定能参加奥运会……所以你才狠心杀了京一！"

"这太荒唐了！和你儿子相比，我入选的希望好像更大一点吧。就算我不杀他，也有很大的把握能当上奥运代表。退一万步讲，就算我是凶手好了，那你倒是说说看，我是怎么杀他的？我不可能行凶的，这位警官就能替我做证。"

说着，宫城将目光投向和户。和户只好告诉辉美，他搜过宫城的身，但没有发现枪支，而且案发现场周围的雪地里也没有找到凶器。

辉美却仍不死心。

"他不一定是把枪扔了啊！也许是把枪送上天了呢！"

"送上天？"

"把枪挂在充了氦气的气球上不就行了！"

宫城很是无语地摇了摇头。

"理论上确实可行，但我为什么要提前准备氦气球啊？我是碰巧遇见这位警官的，不可能提前知道自己需要把枪藏起来啊。你让我上哪儿找氦气球去啊……"

辉美无法反驳，陷入沉默。和户决定趁此机会向辉美提问：

"您和京一先生住在一起吗？"

"嗯，我们家在千濑町。"

"那您最后一次见到他是什么时候？"

"昨晚十一点多。"

"您今天早上没见过他吗？"

"没有。京一习惯在休息日睡到大中午，所以今天早上我没去叫他起床，甚至没去过他的房间。我是做梦也没想到，他竟然出门去了……"

"您不知道他出门了，那就意味着他很有可能是在您起床之前走的。请问您是几点起床的？"

"六点半左右。"

和户心想，这么看来，京一在六点半之前出门的可能性很高，但他也不太可能骑车走有积雪的夜路，所以他出门的时间应该比六点半早不了多久。毕竟路上有积雪，他应该不敢骑得太快，从千濑町到这里恐怕需要二十分钟左右。用喷漆涂鸦大约需要十五分钟。这么算下来，倒是能对上验尸官推测的七点左右的死亡时间。

"我能插一句吗？"山口升开口道，"刚才刑警告诉我，现在的问题在于案发现场没有凶手的脚印。可京一并不是当场死亡的吧？那没有凶手的脚印也不是什么大问题啊，很容易就能解开。"

"这话是什么意思？"辉美问道。

"京一中枪的时间不是进入工地后，而是进入工地前啊。他在中弹后逃进工地，然后死在了那里。如果京一是在进入工地前中枪的，凶手就有可能从远处狙击他。周围的树林和建筑用地还有些警方没察看过的地方，也许凶手就是躲在那里开的枪。这样就能解释为什么案发现场没有凶手出入的脚印了。"

有道理啊……和户心想。谁知，很快就有人推翻了这个假设。

"很遗憾，这是不可能的。"发话的竟是宫城。

"哦？为什么？"

山口一脸意外。

"你想啊，京一用喷漆在半地下空间的墙面留下了涂鸦。人当然不可能在中枪的状态下做这种事，这意味着他是在涂鸦之后中枪的。换句话说，他是下到半地下空间之后才被击中的。枪击不可能发生在那之前。"

山口愣了一下，但随即反驳道：

"用喷漆涂鸦的人不一定是京一啊！也许他下到半地下空间的时候，墙上已经有别人的涂鸦了。京一捡起了地上的喷漆罐，然后身亡。所以大家乍一看还以为用喷漆涂鸦的是他。"

"他为什么要拿起喷漆罐？"

"当然是为了写下凶手的名字啊。或者是他打算在凶手追来的时候用喷漆反击。"

"哦，这种可能性确实存在。问题是，如果京一是在去工地的路上中枪的，那他的脚印应该会很乱啊，人是不可能在胸口中弹的状态下正常行走的。可雪地里的脚印看起来并不乱啊！"

和户走下巡逻车，拉住检查过脚印的鉴证人员打听了一下。对方明确表示："被害者不可能是走到半路时中的枪。"和户只得垂头丧气地回到巡逻车上。

和户感觉到，宫城的性格似乎在不知不觉中发生了变化。刚见到他的时候，他给人的印象还是其貌不扬、性格软弱，此刻却变得大大方方、光明磊落。瞧那条理清晰的表述，简直跟名侦探一样。

山口貌似也感觉到了宫城的变化。

"宫城先生，你这是怎么了？你平时不是这样的啊……"

"我也不知道。总感觉跟这位警官待久了，推理能力都变强了。"

看来，华生力已经开始发挥作用了。宫城用洋溢着自信的语气说道：

"我知道这起案子是怎么回事了。"

5

在场的所有人目不转睛地盯着宫城。

"如果京一是面朝北站着的时候中了枪，往前栽倒，他脸上应该会有撞到混凝土地面时留下的伤痕，照理说眼镜的镜片也会摔裂甚至摔碎。可他脸上并没有伤，镜片也完好无损。换句话说，京一并没有往前摔。"

"没有往前摔，那就是往后摔的？"

"没错。如果是往后摔的，撞在地上形成的伤痕会被后脑勺的头发遮住，粗看发现不了。"

"是往后摔的又怎么样？"

"你想啊，如果他是往后摔的，那就是仰面倒地。可遗体被发现的时候，京一明明是趴在地上的。这意味着他是从仰面朝天的状态翻过来的。京一中枪后没有当场死亡，所以翻个身也没什么好奇怪的。那么，如果把他的身体翻回去，恢复到原来的状态呢？"

和户在脑海中给头朝北俯卧的佐川翻了个身，让他仰面朝天。

"……佐川先生可能是被来自南侧的子弹击中以后往后倒地的。"

"没错。"

"可工地南侧的防水布并没有缺口啊。如果子弹来自北侧，那还有可能通过门洞射进去，但南侧并没有设门洞，防水布上也没有子弹贯穿的痕迹。那岂不是意味着凶手是在防水布内部的空间开的枪，而且在没有留下任何脚印的状态下离开了现场？就算得出子弹来自南侧的结论，也没法解开没有脚印之谜啊！"

宫城没有回答这个问题，而是继续说道：

"京一拿着红色的喷漆罐。如果凶手把枪口对准了他，他大可以用喷漆攻击凶手的眼睛，于是案发现场的地面就会留下红色的喷漆痕迹，但案发现场并没有这样的痕迹。而且京一中弹后没有当场死亡，照理说他可以把凶手的名字喷在地上，可他并没有这么做。由此可见，京一并没有看到凶手。正因为没看到，京一才没有对准凶手的眼睛喷漆，也没有写下凶手的名字。"

"没看到凶手？怎么会呢？佐川先生胸口中枪，应该是和凶手面对面的啊！"

"京一明明是正面中枪，却没有看到凶手……只有一个答案能解释其中的矛盾。凶手是在防水布后面开的枪，所以京一才没有看到他。"

"在防水布后面开枪？怎么可能啊，防水布上明明没有洞啊。"

"你确定防水布上真的没有洞吗？不是还有一处大家都没注意到的盲点吗？"

"盲点？"

"就是被雪盖住的部分啊。子弹以平行于地面的状态穿透积雪，打穿被积雪挡住的那部分防水布，飞进了半地下空间。（详见图6）

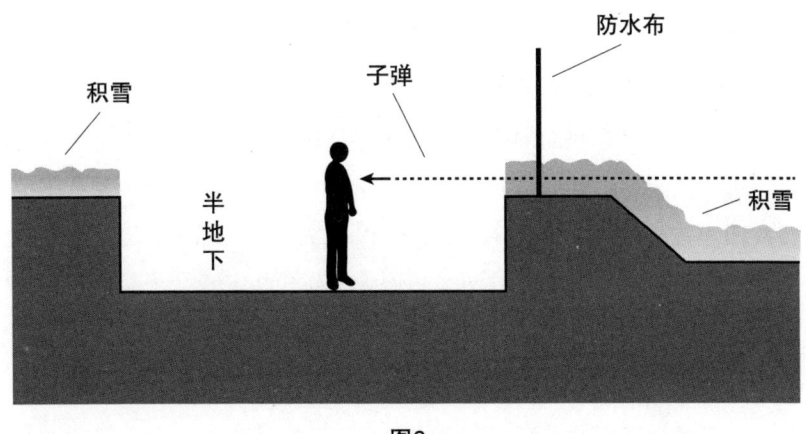

图6

"当时，京一正站在半地下空间，面朝南侧。半地下空间的混凝土地面比周围低一点三米左右，所以子弹穿透周围地面的积雪后，会在距离混凝土地面一点三米左右的高度水平飞行。而中等身材的男人的胸口刚好就是这个高度。子弹就这样击中了朝南站立的京一的胸口。

"他仰面摔倒，却用尽最后一丝力气翻了身，试图站起来。但他最后还是断了气。

"由于他死时呈俯卧姿势，乍一看就好像他是在面朝北站着的时候中了枪，然后向前倒下了。换句话说，这让我们误判了子弹飞来的方向。

"如果地上有雪，我们还能通过积雪上留下的痕迹推测出事情的经过，但新浇筑的混凝土地面还是热的，只有那一块没有积雪，所以才看不出来是怎么回事。

"我们无意中在积雪和地面之间画上了等号，所以完全排除了子

113

弹穿过积雪的可能性。我们只察看了露在积雪之外的防水布，所以没发现积雪之中的防水布破了洞。"

简直跟变魔术一样……和户心想。绝妙的雪日魔术。

"不过，这个凶手也真够厉害的。"

"让子弹贯穿地面的积雪可没那么容易。再加上京一在防水布的另一边，凶手看不到他，所以也没法刻意瞄准他。这就意味着，子弹以这样的轨迹命中京一是个彻头彻尾的巧合。"

"巧合？你的意思是，凶手心血来潮地往防水布开了一枪，结果就变成这样了？"

"如果是心血来潮，又何必对着防水布开枪呢？更合理的推测是，凶手瞄准了别处，没想到子弹打偏了，穿透积雪，命中了防水布另一边的京一。"

"瞄准了别处？"和户恍然大悟，"是你吗？"

"没错。凶手是瞄准我开的枪。我把车停在工地南侧，下车走了过去。就在这时，凶手对我开了枪，但打偏了。击中京一的就是那发子弹。"

"可你怎么没察觉到有人开枪呢？"

"我当时正戴着耳机听音乐，所以既没有听到枪声，也没有听到京一的惨叫声。"

"那凶手就是……"

"凶手有除掉我，或是留我一条命，但要让我受重伤的动机。"

说着，宫城指向坐在后排、面色铁青的女人。

"佐川辉美女士，凶手就是你。你觉得只要我死了，或者受了重伤，你儿子就能挤进奥运代表候选名单了。"

6

和户心想，原来是这样！

辉美一见到宫城便吼道："是你害死了京一！"站在辉美的角度看，事实确实如此。毕竟，如果子弹命中了宫城，她的儿子就不会死了。

辉美许是放弃了挣扎，幽幽地讲述起了事情的来龙去脉。

为了让儿子进入奥运代表候选名单，她决定除掉宫城。手无缚鸡之力的她选择的凶器是自己用惯了的步枪。但她不能用自己的枪，因为警方有可能通过膛线查到她身上。所以她找了些门路，从黑帮那里购买了步枪。

她选定的犯罪现场是宫城家的建筑工地。那片建筑用地目前只有宫城家在施工，所以只要在休息日的清晨动手，被人目击的风险几乎为零。而且，儿子每逢休息日都要睡到大中午，悄悄溜出家门也不会被他发现。

今天早上六点半，辉美用手帕捂着嘴，压低声音给宫城打电话，谎称"你那栋没完工的房子被人糟蹋了，赶紧去看看吧"，把宫城引去工地。她在打电话时使用了预付费手机，所以即便警方调查通话记录，也无法锁定来电人。

辉美准备了一双尺码较大的鞋，如此一来，警方就无法通过雪地上的脚印推测出凶手是女人了。她把车停在远离工地的路肩，穿过偌大的建设用地，躲在树林尽头一处能隔着马路远远看到工地的地方。

不一会儿，宫城开车来到工地。辉美朝下车步行的宫城开枪。谁知，宫城并没有倒下，子弹打偏了。就在这时，防水布的另一边传来男人的惨叫。好熟悉的声音——那分明是儿子的声音。辉美蒙了。儿子明明在家里睡觉，为什么会在这里听到他的声音？辉美做梦也没想到，京一会来工地涂鸦，好让宫城不痛快。她想去防水布的另一边看看，但最后还是克制住了。如果她现在现身，宫城定会起疑。她只能守在树林的尽头观望，想知道儿子有没有事。片刻后，制服警官开着巡逻车来到现场。辉美心急如焚，不知道情况怎么样了。等着等着，宫城一个电话打到她的手机上，告诉她"京一死了"。辉美的脑海顿时一片空白。她几乎无法思考，好不容易把宫城应付过去，回到停在远处的车上，装作从家里赶来的样子，出现在探员面前……

辉美得知儿子死在自己手里时，该是多么绝望、多么悲痛啊。想到这里，和户不禁生出了恻隐之心。

*

就在这时，搜查一课的探员们赶到了现场。和户将辉美带了过去。探员们将工地南侧防水布周边的积雪全部清理掉，果然发现了一处隐藏在雪中的弹孔。

不知道为什么，搜查一课的探员们误以为是和户让辉美招供的，对他大加赞赏，甚至对他说："有没有兴趣来我们这儿啊？我们一定大力举荐你！"

和户当然是求之不得。他就这样成了搜查一课有史以来最年轻的探员。

间奏Ⅱ

和户醒了。他似乎梦见了在奥多摩派出所工作时遇到的"不可能犯罪"。那起案件帮助他实现了夙愿，调进了搜查一课。

由于房间没有窗户，手表也被收走了，和户不知道今天是几号，也不知道现在是几点。他是一月二十日晚上八点多被绑架的，之后睡着了两次，所以今天可能已经是二十二日了，但他也不敢确定。

和户想起了睡着之前对绑架他的人得出的结论。

嫌疑人的目的是靠华生力提高推理能力，挑战某种难题。

此人极有可能是"暴风雪山庄"案件的相关者，或者和奥多摩那起"不可能犯罪"有关。

那么，到底是他们之中的谁呢？案件相关人员的面容浮现在和户的脑海中。

这时，他突然生出了一个疑问。

囚禁他的人凭什么认为自己能在华生力的作用下得出正确的推理？

华生力能提高推理能力，却无法保证推理结果的正确性。强化过的推理能力也有可能得出错误的结论。事实上，"暴风雪山庄"案件的相关人员都接连发表了错误的推理。

既然是这样，囚禁他的人又凭什么认为自己能在华生力的影响下做出正确的推理呢？如果他没有十足的把握，就绝对干不出绑架且囚禁警察这种事。

想到这里，和户心头一凛。

莫非嫌疑人之所以认定自己能在华生力的作用下得出正确的推理，是因为他发表过正确的推理，看破了案件的真相，所以他才会坚信，自己能再次推理出真相？换句话说，嫌疑人正是在案件的最后以精准的推理破过案的人。

和户为这个结论兴奋不已，在狭小的房间里来回踱步。长久以来都是他听别人推理，谁知此时此刻，竟然轮到他自己推理了。几近感动的情绪涌上心头。

那么，嫌疑人到底是在哪一起案件中推理出真相的人呢？和户回想起在那七起案件中最后做出正确推理的人。他们都以绝妙的推理解开了谜团。囚禁和户的嫌疑人，究竟是他们之中的哪一个呢？

第五章

云端之死

雲の上の死

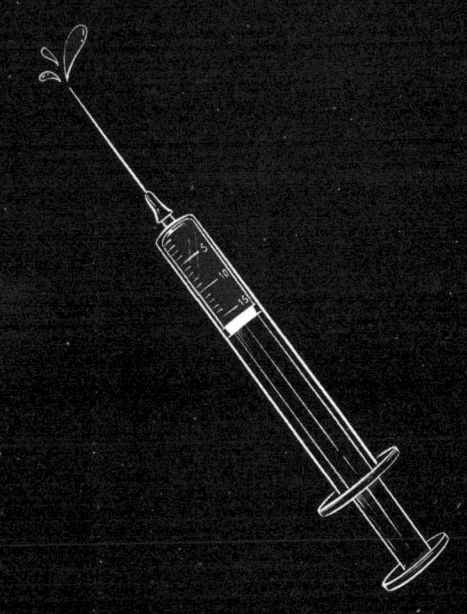

1

放眼窗外，只见白云滚滚。

和户宋志在狭窄的经济舱座位上扭来扭去。飞机在九月十九日零点五分从羽田机场出发，目前已经航行了八个小时。他一觉睡到刚才，所以已经很久没动过了。

东天航空810航班，飞往洛杉矶国际机场。因为是波音777客机，所以客舱非常宽敞。经济舱每排共有十个座位，为"3–4–3"布局。和户坐在右侧的窗边。

万幸的是，和户左边的两个座位和过道另一侧的四个座位都没坐人，所以他可以尽情舒展四肢。

这是和户第一次出国旅行。难得请到了长假，所以他决定去神往已久的洛杉矶走走看看。

就在他准备起身在机舱里散散步的时候——

"您是不是不舒服啊？"

忽然，乘务员的声音从身后的座位传来。和户半弯着腰，悄悄往后看，只见靠窗的座位上坐着一位日本人模样的男乘客，双目紧闭，一动不动。一位圆脸乘务员俯身看着他，脸上写满了担忧。男乘客左边的两个座位空着。

乘客貌似睡着了，不过他的脸色实在太难看了，难怪乘务员要开口询问。迟疑片刻后，圆脸乘务员鼓起勇气，轻轻碰了一下那位乘客，脸上顿时露出惊讶的表情。她又摸了摸乘客的脉搏，立时倒吸一口冷气。

乘务员一个转身，快步离去。

摸手，把脉，倒吸冷气，快步走开——这一系列的动作，只可能意味着那位男乘客已经死了。

片刻后，机上广播响起。

"各位乘客请注意！机上有一名乘客需要医疗救护。如有医生、护士或医务人员搭乘本机，请通知离您最近的乘务员，谢谢您的配合！"

机舱内一阵骚动，不知发生了什么事。

不一会儿，一位女士从机舱前方，也就是头等舱和商务舱所在的位置走来。带路的正是刚才那位乘务员。看样子，她应该是听到机上广播后表明身份的医生，四十岁上下的年纪，身材纤瘦，留着短发，精致的面容带着略显紧张的表情，大概是求助广播来得太突然了。

"就是这位乘客。"

乘务员停在和户身后，对医生低声说道。和户悄悄关注着后排的情况。

医生先测脉搏，接着把耳朵贴近他的嘴巴，最后抬起他的眼皮，观察他的眼睛。这是在确认死亡的三大迹象——呼吸停止、心脏停跳和瞳孔放大。

然后，她开始触摸男乘客的身体各处，大概是在检查他有没有外伤。医生还打开了男乘客的嘴，查看口腔的情况，甚至把手指伸进去探了探。想想都觉得恶心，医生却面不改色。不当班的时候都能把事情做得一丝不苟，这一幕令和户感动不已。

在医生为男乘客检查的时候，一个身穿西装、三十岁上下的男人走了过来。他体格健壮，头发剃得很短，眼神十分犀利。他不动声色地环视四周，默默站在一旁。乘务员没有对他说什么，只是以眼神稍加示意。

和户猜到了西装男子的身份——他一定是空警。二○○一年的"九一一事件"发生后，以美国为首的世界各国都推行了空警制度。日本警视厅也在二○○四年引进了这项制度。据说空警都是从防暴警察中选拔出来的，穿便衣登机。和户不在空警部门工作，所以不太了解详细情况，但据说空警会随身携带手枪，里面装有可以在客机上使用的特殊子弹。

医生为男乘客检查完后，开口说道：

"我粗略检查了一下，没有发现外伤。口腔与咽喉都没有异物，被食物呛到窒息的可能性也可以排除了。他看起来也不像是有心脏病的样子。"

"那他为什么会死呢？"

"有可能是中毒了。"

"中毒？"

乘务员倒吸一口冷气。

事已至此，和户必须站出来了。他对那位圆脸乘务员说道：

"打扰了，我是警视厅搜查一课的。"

"警视厅搜查一课？"

乘务员脸上露出半信半疑的表情。没说过一句话的空警终于开了口。

"请问您叫什么名字？"

"我叫和户宋志，任职于搜查一课第二强行犯搜查三组。"

“恕我冒昧，能请您出示一下证件吗？”

说白了就是，和户看起来实在不像刑警，所以人家不敢相信。

“我没在执行任务，所以没有随身携带证件。这架飞机是提供上网服务的对吧？您可以用手机拍一张我的照片，附在邮件里，发给警视厅，这样就能确认我的身份了。”

“请稍等，我们跟机长商量一下。”

圆脸乘务员叫来一位同事，小声说明了情况。同事点了点头，转身离开，但很快就回来了。

“机长批准了，那我拍了。”

圆脸乘务员举起智能手机，给和户拍了一张照片。

大约十五分钟后，回复来了，确认了和户的身份。空警鞠躬道：

“刚才多有冒犯。我是巡查部长森本弘树。”

“原来你真是搜查一课的刑警啊，我还以为你是个刑侦发烧友呢。”

医生看和户的眼神里分明写着“人不可貌相”这几个字，和户不禁苦笑。因为他长了张娃娃脸，朋友们也总笑话他说“你看起来一点儿都不像刑警”。

“还没自我介绍呢，我叫谷山朋绘，是中央医科大学附属医院的内科医生。”

“幸会，要不我们先把遗体抬到别处去吧？”

和户对乘务员说道。男乘客周围有很多空位，但还是有乘客察觉到了异样，投来好奇的视线，甚至有人在用手机拍照。

“头等舱上方，也就是驾驶舱的后部上方有飞行员专用的休息室。机长吩咐我们把遗体抬去那边。”

“听说经济舱也有乘务员休息室啊。从这里过去的话，离乘务员休息室不是更近吗？”

"是的，但要是把遗体抬到乘务员的休息室，所有乘务员都无法休息了，机长觉得那样不太好。抬去飞行员休息室的话，两位飞行员中的一位在客舱的空位上休息就行了。"

谷山朋绘露出钦佩的表情。

"好一位通情达理的机长。他肯定很受乘务员的欢迎吧？"

乘务员拿来了为突发疾病的乘客准备的担架。把遗体抬上去之后，和户和森本警官一前一后抬起了担架。乘务员拿着死者的随身行李，一个黑色的手提包。在她的带领下，一行人从过道前往飞机前舱。穿过商务舱和头等舱，便来到了机体前部靠近舱门的地方。打开藏在墙上的门，一道通往楼上的旋梯出现在眼前。担架进旋梯会卡住，所以和户和森本警官把遗体搬下担架，直接抓着遗体的双手双脚上了楼。

旋梯走到顶就是飞行员休息室了。休息室中有两个并排的商务舱座位，后面摆了两张床。和户和森本警官把遗体安置在其中一张床上。

"您能推测出大致的死亡时间吗？"

和户询问一同前来的谷山朋绘。

"我的专业是内科，所以也不太敢确定，但应该是两三个小时前吧。"

两三个小时前，恰是客舱熄灯的时间。很多乘客都睡了，目击证词怕是指望不上了。

"另外，他的左手腕上有注射留下的针孔。也许凶手就是通过针孔注射的毒药。"

和户察看了遗体的左手腕。上面确实有疑似注射针孔的痕迹。

这时，他恰好看到了死者戴在左手腕上的数码手表。表盘显示的时间是"十六点三十分"，日期是九月十八日——昨天。也就是说，手表显示的是太平洋标准时间（美国西海岸时间）。

接着，和户打开死者的手提包，找到了一本护照。死者名叫迈克尔·冈崎（Michael Okazaki），四十五岁，美国籍。看来他是日裔美国人。根据护照上的出入境章，他似乎频繁来往于美日两国。

"没找到注射器啊……也许是掉在座位边上了，我去找找看。"

"我和您一起去。"

圆脸乘务员说道。

两人回到死者的座位。其他乘客纷纷投来好奇的视线，不知道飞机上发生了什么事。和户蹲下身，看到一支注射器掉在地上。他用手帕轻轻裹住注射器，然后拿起来，以免留下指纹。注射器几乎是空的，只剩下了极少量的透明液体。想必它就是凶手在死者的左手腕进行注射时使用的注射器。其中的透明液体一定是某种毒药。

"能不能请您帮忙跟周围的乘客打听一下，问问他们有没有看到或听到什么？"

和户对圆脸乘务员说道。她带着紧张的表情点了点头。

问题是，死者是在客舱熄灯期间出事的，而且他坐在右侧靠窗的位置，左边的两个座位都空着，过道另一侧的四个座位也没有坐人，所以搜集到目击证词的希望十分渺茫。毕竟，就连坐在死者前排的和户都睡着了，什么都没察觉到。

果不其然，乘客那边毫无收获，他们都在熄灯期间睡着了。

2

　　和户和圆脸乘务员回到了飞行员休息室。谷山医生没有回她的座位，而是陪着死者。看来在飞机抵达洛杉矶之前，她是准备一直守在这里了。

　　和户把负责经济舱的乘务员叫来了解情况，但乘务员也没有发现任何异样。经济舱的座位太多，乘务员也不可能一刻不停地盯着。

　　"我们首先要考虑的是，冈崎先生是自杀的，还是被他人谋杀的……"

　　和户开口说道。

　　"我觉得是自杀。"乘务员回答。

　　"为什么？"

　　"如果是他杀，从凶手提前准备装有毒药的注射器这一点来看，说明他是有预谋的。问题是，如果在飞机上作案，那么凶手就只可能是这架飞机上的人。而且一旦抵达目的地机场，当地警方必然会检查护照，很容易查明所有人的身份。如果这是有预谋的杀人，凶手应该有充分的时间细细考虑，那他必然能察觉到这一系列的风险。既然能察觉到，应该就不会作茧自缚。那就意味着死者只可能是自杀的。"

"可他为什么要特意在飞机上自杀呢？"

"客机在万米高空飞行，除非是宇航员等从事特殊职业的人，这就是人类所能到达的最接近天空的地方。这位乘客一定是想死在离天堂最近的地方吧。等到客舱熄了灯，其他乘客不容易发现的时候，他就给自己打了针，然后手一松，注射器就掉在了地上。"

谷山医生嗤之以鼻。

"好浪漫的推论啊。可惜我不认为他是自杀。"

"为什么啊？"

乘务员眨了眨眼睛问道。

"他的手表显示的时间是十六点三十分，日期则是九月十八日——也就是昨天。换句话说，手表被调到了美国西海岸时间。如果一个人打算在飞机上自杀，又何必多此一举呢？他显然是想活着抵达洛杉矶的啊。

"更何况，如果一个人因为'飞机是离天堂最近的地方'这种浪漫的理由选择在飞机上自杀，那他应该会坐头等舱，至少也得是商务舱，在人生的最后留下一些美好的回忆吧。如果他真是自杀的，那就说明他费尽心思把装有毒药的注射器带上了飞机。既然他想方设法要在飞机上自杀，那他应该也会很讲究实施自杀的座位吧？何必非选狭小的经济舱座位不可呢？飞机离天堂再近，坐在经济舱里死也太扫兴了吧。单看这一点，他是自杀的推论也无法让我信服。"

不过是坐了头等舱或商务舱，就能把经济舱说得一文不值。这让坐经济舱的和户颇觉尴尬。

乘务员反驳道：

"可如果是谋杀，凶手为什么要在嫌疑人数量有限的机舱内行凶呢？"

谷山医生从容笑道：

"在飞机上行凶确实存在一定的不利因素，但有利因素也不是完全没有啊。"

"有什么有利因素啊？"

"等到客舱熄灯，大多数乘客睡着的时候，凶手就可以靠近陷入熟睡状态、毫无防备的被害者。换作平时，你根本不可能接近一个熟睡的人，除非你们的关系很亲密。然而在飞机上，人们却会满不在乎地把睡姿展现给萍水相逢的陌生人。对凶手而言，没有比这更有利的条件了。

"凶手肯定是把'嫌疑人数量有限'这一劣势和'能够在被害者毫无防备的状态下接近'这一优势放在天平两端权衡了一下，最后得出了利大于弊的判断。"

有道理！和户心想，真不愧是医生，脑子就是好使。

圆脸乘务员似乎也认同了谷山医生的推论。

"看来冈崎先生是在睡着的时候被人注射了毒药。对了，冈崎先生左边的两个座位和过道对面四个座位都是空的，那真是巧合吗？会不会是凶手买下了那六个座位的票，免得有人目击他行凶呢？"

"有可能，"谷山医生点头道，"不过虽说是经济舱，额外多买六张票也是一笔不小的开支啊。凶手为什么不惜付出这么大的代价，也要在飞机上行凶呢？除了可以接近毫无防备的被害者，应该还存在其他的有利因素，但我也不知道那到底是什么……"

和户听着乘务员和医生的对话，心想华生力貌似已经起效了。面对"乘客在机舱内遇害"这一谜团，和户下意识地发动了华生力。

3

"谷山医生，您觉得凶手会是谁呢？"

和户引导医生发言。

"那我就开门见山了。我认为凶手是乘务员。"

"乘务员？"

"没错。"

"为什么啊？"

"我们刚才讨论过凶手为什么要在嫌疑人数量有限的飞机上作案，分析出这么做有一项优势，那就是可以接近毫无防备的被害者。这固然是凶手在飞机上作案的理由，却不是唯一的理由。"

"还有什么理由？"

"冈崎先生是日裔美国人。根据他护照上的出入境章，他频繁来往于美日之间。也许他从事的是贸易之类的工作。

"那么，假设凶手和冈崎先生一样，也经常往返于两国之间呢？那两个人就很有可能错过，比如冈崎先生在日本的时候，凶手在美国，冈崎先生回美国的时候，凶手却在日本。长此以往，凶手就没有机会行凶了。

"谁知有一次，冈崎先生到日本后突然病倒，住了几天医院。得益于此，两人的日程终于同步了。一旦错过这个机会，日程又会慢慢错开……凶手认为机不可失，就在飞机上动手了。

"说起频繁来往于美日两国的人，我第一个想到的就是国际航班的乘务员啊。"

说到这里，谷山医生望向乘务员。

"乘务员可以在机舱内来回走动，留意乘客的情况，确认被害者周围是否还有乘客醒着，寻找最佳的作案机会。而且乘务员在注射毒药的时候也可以表现得非常自然，比如假装给被害者盖好毛毯什么的，所以不太容易被发现。此外，乘务员携带注射器上飞机的难度也比乘客低很多。对乘务员而言，没有比机舱更适合作案的地方了。"

"要说可疑，我觉得医生才可疑呢。"

圆脸乘务员瞪了谷山医生一眼。

"如果有乘客身体不舒服，乘务员肯定会通过机上广播找医生帮忙。万一像今天这样，有乘客不幸去世，我们也会请医生粗略检查遗体，调查死因。如果医生就是凶手，那就可以在检查遗体时动些手脚。也许机上还有其他医生，但大多数医生就算听到了求助广播，也不会站出来。所以只要在求助广播响起后立刻站出来，检查遗体的任务就一定会落到这位医生的身上。换作普通的案子，要是案发现场附近的人声称自己是医生，然后开始检查遗体，大家肯定会起疑心的，但是在飞机上，这么做的医生不仅不会被怀疑，还会受到欢迎和感谢。能检查自己杀害的死者，对凶手而言是非常有利的。也许这就是凶手选择在飞机上作案的原因。"

医生重重地叹了一口气。

"亏我听到求助广播主动表明身份，你们却因为这个就怀疑我，这也太过分了吧？再说了，检查自己杀害的死者又有什么好处呢？"

"首先，医生可以给出假的死因和死亡时间。"

"那有什么意义啊？飞机一到洛杉矶，就会进行正式的尸检，到时候谎言不就会被戳穿了吗？"

"照理说是这样没错，可要是在洛杉矶负责尸检的法医是凶手的同伙呢？"

"法医是同伙？"

和户被这个石破天惊的假设吓了一跳。就连谷山医生似乎也吃了一惊，看着那位乘务员。

"没错。如果洛杉矶的法医是同伙，在飞机上实施犯罪的医生就死因与死亡时间撒的谎就不会被戳穿了。"

"如果洛杉矶的法医是同伙，那还有什么好怕的，在飞机上行凶的医生压根儿没有必要撒谎啊。"

"不，万一飞机上不止一位医生，而其他医生的意见和洛杉矶的尸检结果有太大的出入，人们就有可能怀疑尸检结果的准确性。所以有必要让行凶的医生响应求助广播，检查遗体，避免其他医生插手。"

谷山医生哈哈大笑。

"要是担心飞机上有其他医生，不如一开始就不要在飞机上作案啊。在洛杉矶找个地方行凶，遗体就会被立即送到法医那里，不存在其他医生介入的可能，伪造的死因和死亡时间也不会被戳穿了。你知道自己的假设有多荒谬吗？在你提出洛杉矶的法医是共犯的那一刻，你的推论就成了无稽之谈。"

乘务员顿时语塞。

"是哦，您说得对。"

4

"呃……不好意思，我也想出了一套推理，可以讲出来给大家听听吗？"

森本警官迟疑道。看来华生力也影响到了这位空警。和户说：请讲。

"关键在于凶手为什么要在嫌疑人数量有限的飞机上作案对吧？我也琢磨了一下，发现在飞机上作案确实有一个好处。准确地说，是从日本飞往美国的飞机带来的好处。"

"什么好处？"

"从日本飞向美国，需要穿越国际日期变更线，所以日期要往前推一天对吧？如果在穿过这条线以后再行凶，被害者就死在了'昨天'。也许凶手是想在昨天的那个日期杀死被害者吧。"

"为什么非要在昨天的那个日期杀死被害者啊？"

谷山医生问道。

"我有一个大胆的猜测。也许凶手是个占卜师，预言被害者会在九月十八日死去。谁知他的预言出错了，死期变成了第二天。于是他赶紧把被害者送上前往美国的飞机，在飞机飞过日期变更线之后将其杀害。如此一来，被害者就还是在九月十八日死的。只要彻查机上乘客，看看谁是占卜师不就行了？"

医生叹了口气。

"还好你不是搜查一课的，这套推论简直漏洞百出。你说占卜师的预言出错了，死期变成了第二天，那就意味着凶手是九月十九日才下决心行凶的，可这架飞机是九月十九日午夜零点零五分起飞的啊。在凶手下定决心的时候，登机都结束了好吧。"

"还是太牵强了啊……"

森本警官垂头丧气。华生力确实能提升推理能力，却不能保证推理内容的准确性。

"不好意思，我又想到了一种可能性，可以和大家分享一下吗？"

圆脸乘务员说道。

"请讲。"

"我刚才的推理建立在'机上一旦出现死者，乘务员就会通过机上广播寻求医生的帮助'这个前提下。但我仔细一想，会被广播叫出来的不光是医生啊，还有空警。"

"呃……这回轮到我当凶手了？"森本警官忧心忡忡道，"我是空警，不是医生，不会接触遗体的啊。"

"不，我不认为您是凶手，而是认为凶手想通过谋杀逼空警现身。"

"逼空警现身？"

"我认为凶手是想挟持人质劫机。但直接挟持人质，可能会被假装成乘客登机的空警偷袭，进而被制服。为了防止这种情况的发生，必须先查明空警是谁。但空警是穿便衣登机的，光看衣着无法分辨。所以凶手才杀了冈崎先生。如此一来，乘务员一定会呼叫空警，这样就知道空警是谁了。凶手是为了逼出空警，为劫机扫清障碍，才杀害了冈崎先生。凶手现在应该已经知道森本警官是空警了，也知道您离开了座位。在这种状态下，劫机事件随时都有可能发生。"

"糟糕，我得赶紧回客舱去。"

森本警官顿时慌了，拔腿要走。

谷山医生叹了口气。

"别急着走啊！哪有这么荒唐的事情啊。飞机上死了人，乘务员就不用说了，乘客也会提高警惕的。在这种情况下，只要有人做出稍显怪异的举动，都会立刻引起怀疑的啊。真有人要劫机，肯定会在动手之前低调行事，尽可能不惹出乱子的。"

和户觉得医生说得一点没错。但森本警官好像还是担心得要命，撂下一句"我还是回去吧"，便迈着匆忙的脚步离开了休息室。

"哎呀，还是走了。"

谷山医生一脸的失落。

"您还有别的思路吗？"

和户问道。

"如果你不介意多听一套天马行空的推理，我倒是想到了另一种假设。"

"哦？"

"我认为，这架飞机的机长才是凶手。"

医生对着墙壁另一侧的驾驶舱扬起下巴。

"机长？不太可能吧？机长基本都待在驾驶舱里，不会出来的。要是出来过，副机长肯定会有印象，事后绝对会被警方怀疑。"

"所以他是在不离开驾驶舱的前提下杀死了被害者啊。"

"他是怎么做到的啊？"

"我们原本认定是凶手给被害者注射了毒药。但如果不是那样的呢？这位乘务员最开始认为死者是自杀的，仔细想想，他确实有可能给自己注射啊。"

"我还以为您反对自杀的假设呢……"

"直到现在，我还是持反对意见，但我觉得也许是凶手欺骗了被害者，让他给自己注射了毒药。"

"给自己注射毒药？怎么可能呢？"

"凶手跟被害者讲述了虚构的劫机计划——在机舱内散布毒气，让乘客昏迷或死亡，然后逼飞机迫降，抢走乘客携带的珠宝、贵金属、现金、旅行支票和信用卡。在媒体报道航班失踪、怀疑乘客已经遇难之前，用光信用卡的额度取现。但机上的共犯不能一起被迷晕啊，所以要提前注射解药。

"计划看似荒诞无稽，但如果是机长提出来的，就得另当别论了。因为机长是有能力迫降的啊。

"机长把这个虚构的计划摆在被害者面前，让他在飞机上给自己注射。殊不知，注射器里的不是解药，而是毒药。于是，被害者中毒身亡。

"凶手之所以选择在飞机上行凶，是因为置身于机舱内这个状态是让被害者给自己注射毒药的必要条件。"

亏他们能想出这么多在飞机上作案的理由……和户深感佩服。

"这个假设很有意思，可就算是机长提出来的，那个虚构的劫机计划未免也太荒唐了点，我实在不认为会有人上当。"

谷山医生耸肩道：

"哎呀，我不过是举了个例子，说明天马行空的推理想扯多少都能给你扯出来。我也不觉得事情就是那样的啦。"

5

就在这时，乘务员携带的对讲机响了。

乘务员接起来一听，突然惊呼："啊？"

"怎么了？"和户忙问。

乘务员一脸茫然地回答：

"是这样的……机长说，他知道凶手是谁了，想发表他的推理。"

和户瞠目结舌。华生力竟然穿透了飞行员休息室和驾驶舱之间的墙壁，作用在了机长身上。

"机长清楚事情的经过吗？"

"清楚的，他是本次航班的最高责任人，所以我们一有发现就会汇报给他。"

"这样啊……但还是请他专心开飞机比较好吧。"

"机长说，可以暂时切换到自动驾驶模式，而且有优秀的副机长在，不会有问题的。"

这还叫"没问题"啊。

"机长不会是打算离开驾驶舱到这儿来吧？"

"不，机长想通过对讲机与各位通话。"

"哦……"

"下面请机长发表推理。"

乘务员将对讲机高高举起，仿佛电视剧《水户黄门》中高举印盒的阿格[1]。

"和户先生，谷山女士，感谢二位搭乘本次航班。我是机长香川。"

和户下意识地回答"您好"，同时鞠躬。

"本案最关键的一点在于，凶手为什么要在嫌疑人数量有限的飞机上作案。

"先说结论。我认为凶手在飞机上偷了某种东西，藏在了冈崎先生体内。洛杉矶的法医是共犯，会在验尸时取出那个东西。在飞机上杀害冈崎先生，是为了把他的遗体用作将赃物带出飞机的工具。

"入境美国时，乘客要在海关接受细致的检查，但海关是不会检查遗体的。于是凶手决定，把遗体用作赃物的搬运工。

"想到这里，我们就不得不重新考虑凶手是医生的可能性了。如果凶手在遗体中藏了东西，就有可能被检查遗体的医生发现。因此在机上行凶的医生决定亲自负责检查遗体，以规避赃物被发现的风险。"

就在这时，有人敲了敲休息室的房门。另一位乘务员走进来说道：

"打扰了，飞机上好像又出事了，想麻烦和户警官调查一下。"

"又出事了？"

"对，一位商务舱的乘客说，他丢了一颗价值十亿日元的宝石。

1　《水户黄门》是以江户时代水户藩第二代藩主德川光圀为主人公的电视连续剧，描写他云游各地的故事，以惩恶扬善的情节为主。每集的高潮部分都有主角亮出印盒上的德川家家徽表明身份的场面，阿格是主人公的跟班之一。

刚刚睡醒一看，发现手提包被人割开了，包里的宝石不见了……"

说时迟那时快，谷山朋绘冲向冈崎的遗体。

但她跑到半路，就尖叫着摔倒了。原来是乘务员急中生智，使出了一记扫堂腿。和户看准机会冲向遗体，察看死者的口腔。只见喉咙深处塞着一个套着白色塑料袋的东西。

"死者的喉咙里塞着什么东西。"

话音刚落，医生便垂头丧气，彻底放弃了挣扎。

谷山朋绘是谋杀的执行者，洛杉矶的法医是同伙——竟然被乘务员猜中了。只不过在机上行凶的原因并不是防止其他医生插手，方便法医伪造死因和死亡时间，所以这一推理才会被推翻。

机长的声音从对讲机中传来：

"得知商务舱的那位乘客打算携带价值十亿日元的宝石登机时，谷山女士立即与同伙制订了犯罪计划，登上了这架飞机。她偷窃了宝石，并在熄灯时杀害了冈崎先生，把宝石藏在了他的嘴里。为了降低被发现的风险，必须把宝石推到喉咙深处，但这个动作一旦被人看到，一切努力都白费了。于是谷山女士决定，暂时把宝石藏在冈崎先生嘴里，等乘务员发现他死了，通过机上广播向医生求助的时候，再站出来检查遗体。到时候，她就能假装自己在为死者做检查，光明正大地把手指伸进冈崎先生的嘴里，把宝石推到深处。"

和户回想起谷山朋绘打开迈克尔·冈崎的嘴察看口腔，甚至把手指伸进去摸索的那一幕。当时他还为医生的敬业精神感动不已，殊不知她并不是在检查死者是否被食物噎住，而是忙着把藏在死者嘴里的宝石推到更深的位置。谋杀的最后一个环节，竟是在和户的眼皮底下完成的。

"行凶的目的是藏匿窃取的宝石，所以被害者是谁都无所谓。冈崎先生之所以被选中，是因为他坐在靠窗的位置，而且同一排没有其他乘客，所以行凶时被目击的危险性最小。"

原来是这样！冈崎左边的两个座位和过道对面的四个座位都是空的，所以圆脸乘务员猜测那些座位可能是凶手特意买下的，以杜绝被目击的可能。然而事实正相反，正因为那些座位是空的，冈崎才会被凶手选中。

想到这里，和户不禁毛骨悚然。他也坐在靠窗的位置，左边的两个座位和过道对面的四个座位也没有人。换句话说，他拥有和冈崎一样的条件。被杀的完全有可能是他啊……感谢伟大的约翰·H. 华生医生保佑，没有让谷山朋绘选中自己。

机长的声音自对讲机中倾泻而出：

"感谢各位的聆听。飞机即将开始下降。现在是洛杉矶当地时间十七点三十五分，地面温度为二十四摄氏度，天气晴朗……"

第六章
侦探剧本

探侦台本

探侦台本

1

从车站往回走的时候，和户宋志路过一座位于山冈边缘的独栋老房子。

房子的窗户在夜色中散发着诡异的红光。和户顿生疑心，凑近一看，竟发现室内有火舌肆虐。着火了！他还看到有个人倒在榻榻米上。

和户掏出手机，拨打119。他本想原地等候消防车的到来，但身为警察的责任感战胜了胆怯。现在冲进去，说不定还能救出屋里的人。

和户冲向玄关，打开大门。屋里飘着薄薄一层烟雾。一条走廊通向里屋。起火的房间应该位于走廊的右手边。烟雾顺着房门的缝隙漏出。他一咬牙一跺脚，刚推开门，便是一股热浪迎面扑来。

那是一个六张榻榻米大的房间，地上铺了被褥。就是被褥着火了。旁边摆着一台电暖器，想必那就是火灾的源头。据说在取暖设备引起的火灾中，电暖气接触被褥、衣物等易燃物品是最常见的起火原因。

一个男人倒在被褥边上。他大概是在被褥着火时醒了过来，虽然钻出了被褥，却因为吸入大量烟雾昏死过去。

和户在走廊深吸一口气，屏住呼吸，然后冲进房间。他把手插进

143

昏迷男子的腋下，把人拖到走廊上。为防止火势蔓延，和户关上了房门。谁知他刚开始吸气就呛了一口烟，剧烈咳嗽起来。

好不容易缓过来之后，和户再次托住昏迷男子的腋下，沿着走廊把人拖到了玄关。和户筋疲力尽，当场瘫坐在地。

这时他才注意到，那人手里攥着什么东西。原来是一叠A4打印纸。和户拿起打印纸一看，发现纸上有些地方被火烤焦了。第一页第一行写着黑色的钢笔字"孤岛凶案"，第二行是"春日壮介"这四个字，第三行开始是角色表；第二页之后写着台词。看来这应该是电视剧或话剧的剧本。

警笛声由远及近，消防车和救护车停在了和户面前。和户说明情况后，消防员开始灭火，急救人员则将昏迷的男子抬上担架，送上救护车。

和户正要目送救护车远去，却想起来那叠打印纸还在自己手里。那人死死抓着纸不放，可见这对他来说也许很重要。要是他恢复意识之后找不到那些纸，一定会很着急的。想到这里，和户一时冲动，向急救人员提出："让我也上车吧！"对方略显迟疑，但在和户表明自己是警察之后，还是勉强答应了。

*

救护车抵达医院后，昏迷男子被匆匆送往重症监护室。医院大堂空荡荡的。和户仍然拿着那叠纸，坐在大堂的长椅上。他不由得想，我到底在干什么啊……

还是联系一下他的亲属为好。第一页上的"春日壮介"肯定是他的名字。和户用手机搜了一下，出现在最前面的搜索结果是一家叫风舞台的剧团的官网。那人似乎是剧团专属的编剧。这么看来，和户拿

2

第一幕

舞台上空无一物，不摆放任何小道具。演员不现身，只播放声音和音效。

神秘声音：（经变声器处理，十分尖锐，无法辨别男女）高三那年暑假，我和父母一起去北海道旅游。我们在机场租了一辆车。父亲负责开车，母亲坐副驾驶座，我坐在后排。双车道的公路延伸至地平线之外。目光所及之处，除了草原别无他物。路上几乎没有其他车辆。行驶了大约三十分钟后，一辆车迎面而来。就在两辆车即将擦肩而过时，那辆车突然越过中心线，冲向我们。父亲连忙向左打方向盘。但也许是打得太突然了，车竟然翻了。

急刹车的响声与尖叫声，玻璃破碎的声音。然后是一片死寂。片刻后，两个人的脚步声渐渐靠近。

年轻男子的声音：糟糕……

老妇人的声音：（怯弱的）还不是因为你要捡掉了的手机，开车分心了。赶紧用手机打电话叫救护车吧！

年轻男子的声音：不行啊，妈！

老妇人的声音：（难以置信）不行？怎么不行了？

年轻男子的声音：要是打了119[1]，系统就会把来电者使用的电话的签约用户信息自动发给消防本部，姓名、地址什么的都有。不光是固定电话，手机也一样。我在报上看到过，说是今年新引进的系统。

老妇人的声音：那又怎么样？

年轻男子的声音：要是用我的手机打过去，消防本部就知道我叫什么了啊！那可就麻烦了，因为……

神秘声音："因为"后面好像还跟着一句话，但我无论如何都想不起来，只因为在那之后，我就失去了意识。再次睁眼时，我已经躺在了医院的病床上。医生告诉我，我的父母都去世了。我们租了一辆没有安全带提醒装置的老车。父亲和母亲都没有系安全带，头部狠狠地撞在了挡风玻璃上。出事后好一会儿，才有过路车辆的驾驶员打电话叫了救护车，肇事车上的两个人却没有报案，逃之夭夭。如果他们及时报案……如果我的父母能早些被送到医院，也许就不会死了。真要说起来，如果那个年轻人没有在开车的时候分心，这起车祸也就不会发生了。害死我父母的就是他。他到底是谁？他在"因为"之后到底说了什么……

第二幕

濑户内海的小岛。一群大学生（三男两女）乘船登上小岛，走进

1　在日本呼叫救护车和消防车的电话号码都是"119"。

岛上的别墅。

驿前英树：请进。

上村薰：哇，好大……（环顾四周）这里是大厅吗？

驿前：对。

秋田友香：能住在这样的地方，简直跟做梦一样……

驿前：我们大学没有推理小说研究会，搞得我一直没有机会和年龄相仿的悬疑推理爱好者交流，感觉特别孤独。所以我决定向关西各大院校的推理小说研究会发出邀请，每家出一个人来这栋别墅做客。感谢大家欣然接受我的邀请。

井场博史：瞧你说的，该说谢谢的是我们。这栋别墅平时都是谁在管理啊？

驿前：平时都是管理员打理的，不过这一次，我想请大家感受一下孤岛疑案的氛围，就让管理员回陆上暂住三天。饭菜是管理员提前准备好的，放在冰箱和冷冻柜里，要吃的时候拿出来热一下就行。

绪方优：所以接我们回去的船是后天到？

驿前：对……要不大家先做个自我介绍吧？自我介绍的时候就别报年级啦，这样交流起来才不会有顾忌。我叫驿前英树，是东西大学法学院的。

绪方：我[1]叫绪方优，来自南北大学文学院。

井场：我[2]叫井场博史，就读于法智大学商学院。

上村：我[3]叫上村薰，来自优洛大学理学院！

秋田：我叫秋田友香，来自明央大学经济学院。

---

1 原文为日语中的男性自称"俺"。

2 原文为日语中的男性自称"僕"。

3 原文为日语中的女性自称"あたし"。

驿前：那我带大家去客房吧。这个房间是大厅，右手边有餐厅和厨房，左手边是图书馆、演奏室、主人的书房和卧室。主人的书房和卧室是我在用。二楼都是客房，总共五间，大家可以随意分配。

秋田：演奏室是干什么用的？

驿前：那个房间做了隔音处理，可以在里面随意演奏乐器，不必担心打扰到其他房间的人。我喜欢拉小提琴，这次也带了一把过来，准备找时间练练。我会去演奏室练琴的，绝不会打扰大家。

秋田：你会拉小提琴啊？好厉害呀。

驿前：拉小提琴也有助于提高成绩呢。多亏了小提琴，我才养成了集中注意力的习惯，应届考上了大学。

绪方：（小声嘟囔，语气不爽）哼，资产阶级大少爷。为了保住免费生的名额，我都不敢留级。

驿前：你说什么？

绪方：（慌忙）没、没说什么。

上村：不过话说回来，"驿前"这个姓氏还挺稀罕的呢。你遇到过跟你同姓的人吗？

驿前：没有。我查了一下，全日本好像只有我家姓"驿前"。家父在我上初中的时候去世了，家母今年也走了，所以现在全国上下只有我一个人姓这个。

上村：哇，那可真是责任重大啊……

驿前：因为姓"驿前"的太少见了，总有朋友拿它开玩笑。但我一直以这个姓氏为荣。可不能让它断绝在我这一代呀。

井场：（掏出手机）咦，这里没信号吗？

驿前：对，都二〇二四年了，这座小岛还没有覆盖手机信号。所以需要打电话的时候，请大家用书房和大厅的固定电话。

（中略）
第三幕

第二天早晨，餐厅内。上村、绪方和井场在餐桌旁就位。

上村：昨天的晚餐真好吃啊！明明只是把管理员提前做好冻起来的饭菜热了热，可还是比我自己做的好吃多了。

绪方：不知道早餐有什么好吃的，我都等不及了。

秋田：（走进餐厅）早上好！驿前同学还没来吗？

井场：嗯，还没呢。要不我们去叫他起床吧。

四人先去了驿前的卧室，又去了他的书房，却没有找到他。去演奏室一看，竟发现驿前英树倒在地上。

四人：（同时）驿前同学！

四人冲上前去。一把小提琴掉在驿前身边的地上。

秋田：他是病了吗？

绪方：不，他头上有血！

井场：（指着小提琴）像是被琴砸的。

绪方：也就是说……在驿前同学练琴的时候，凶手来到了这个房间。驿前同学放下小提琴，跟凶手说话。凶手拿起小提琴，向驿前同学的头砸去……

上村：反正得先报警。（掏出手机以后才反应过来）我给忘了，这里没信号啊！

秋田：那就用固定电话报案吧。我记得驿前同学说过，大厅和书房有电话可以用。

四人赶往大厅，却被眼前的景象惊呆了。

上村：（愕然）电话线被剪断了……
绪方：到底是谁干的？
井场：肯定是杀害驿前同学的凶手，他想让警方尽可能晚点来。
秋田：那书房的电话恐怕也……

四人又赶往书房。正如他们所担心的那样，书房的电话线也被剪断了。

井场：（叹气）看这个情形，我们只能等到明天了，到时候就有船来接了。

（中略）
第四幕

井场：对了！我听说有些练乐器的人会用手机录下自己的演奏，方便复盘。说不定驿前同学也有这个习惯，录下了和凶手的对话。
秋田：还真有可能……
井场：找找看吧。（在驿前胸口的口袋里找到手机）我打开看看。
上村：慢着！别一个人操作好吗？万一你就是凶手，想偷偷删掉录音呢？
井场：那就两个人一起吧。
上村：手机还在录音！凶手来到演奏室的时候，驿前同学虽然中断了练习，却一不留神忘了按暂停！

井场：先停一下，回放刚才的录音听听看吧。

小提琴的乐声戛然而止。脚步声传来，似是有人进屋。

驿前：哟，欢迎欢迎。有没有考虑过我的提议呀？

对方没有回答，保持沉默。

驿前：你不想和我变成那种关系吗？虽然姓氏要改，但对你来说应该也没什么损失啊。

人迅速走动的声音传来，驿前的惨叫响起。然后是扑通一声，似乎有人倒下了。之后则是凶手匆忙走出房间的声响。然后便是一片死寂。

上村：天哪……

井场：行凶的经过被完完整整地录下来了。可惜凶手一句话也没说。

秋田：驿前同学说的话好奇怪啊……"你不想和我变成那种关系吗？"

绪方：驿前同学曾向凶手提议，要和他建立某种关系，但凶手没有立刻给出回复。所以当他来到演奏室的时候，驿前同学才会问他有没有想好。

秋田："那种关系"会是什么关系啊？

井场：既然要"改姓"，那就有可能是婚姻关系——驿前同学可能是向凶手求婚了。

3

剧本到此为止。和户把打印纸还给绪川文雄。

"一个富有的大学生，邀请四位热衷悬疑推理的大学生到孤岛聚会。当天晚上，东道主遇害，孤岛化作'暴风雪山庄'……好俗套的设定啊。"

秋山美保说道。

"毕竟春日是第一次写推理剧嘛，他大概是想从经典设定写起吧。"

绪川文雄回答道。

"他为什么要把登场人物设定成关西的大学生啊？"

"因为春日自己上的是关西的大学吧。这种设定确实很适合关西啊。"

绪川文雄如此回答，和户却听得一头雾水。

"对了，我有个好主意！"上野晶子突然两眼放光，"我们一起推理看看，找出那个凶手吧！春日总是一副高高在上的样子，自以为了不起。等他醒了，我们就把凶手的名字甩在他脸上，给他点颜色看看！"

"有意思！就按你说的办吧！"井藤浩一推了推银边眼镜，点头赞成。他貌似对自己的头脑很有信心。

"我可擅长猜凶手了，看推理小说的时候，我可都是一猜一个准的！"秋山美保挥着拳头说道。

"我跟春日认识的时间最长，这样的小问题根本难不倒我。"绪川文雄抱起胳膊，作势要用壮实的臂膀击倒谜题。

"在春日醒过来之前，这倒是个打发时间的好办法。"江本幽幽道。

看来，缺了"解决篇"的推理剧本似乎激活了和户的华生力。

上野晶子打响了第一炮。

"在第四幕的最后，井场博史不是说了吗？'既然要改姓，那就有可能是婚姻关系——驿前同学可能是向凶手求婚了。'驿前英树向凶手求婚了，所以凶手肯定是女的。也就是说，凶手不是上村薰，就是秋田友香。"

上野晶子显得兴高采烈。毕竟在一场推理剧中，最受瞩目的莫过于侦探和凶手这两个角色。秋山美保也喜笑颜开。井藤浩一和绪川文雄则是一脸的不爽。

"问题是，哪个才是凶手呢？"

说完这句话，上野晶子将视线投向秋山美保。相交的目光似乎迸发出无形的火花。

"其中一个是凶手……真有趣。那我就来证明一下我才是凶手吧。"

秋山美保如此说道。她大概已经入戏了，后半句话的主语不是"秋田友香"，而是"我"。

"凶手是女人，而且驿前向她求婚了。这意味着凶手比另一个女人更有魅力呀。"上野晶子用洋溢着自信的口吻说道。

"论魅力，我也没输给任何人。"秋山美保还以颜色。两人之间的气氛好像愈发剑拔弩张了。

"呃……驿前向凶手求婚，只能说明凶手对驿前来说更有魅力，不能根据这个认定凶手在客观层面更吸引人啊。再说了，这本就是虚构的剧本。"

饰演驿前英树的江本大吾大概是受不了两位女士的唇枪舌剑了，小心翼翼地插了一嘴，可惜并没有人接他的话。

就在这时，旁观多时的绪川文雄开口道：

"你们讨论的前提是秋田友香和上村薰是女人，可你们凭什么这么肯定呢？"

"这话是什么意思？"

"我的意思是，我扮演的绪方优不是男人，而是女人。"

"啥？"

上野晶子瞠目结舌，仿佛刚有人对她说"太阳是从西边升起的"。

"剧本里并没有写绪方优是个男人吧？'优'字是男女通用的，绪方优是女的也没什么好奇怪的吧。"

"怎么不奇怪了！第二幕开头的舞台提示里写得清清楚楚，'一群大学生（三男两女）'！如果绪方优是女的，那岂不是有三个女生啊，根本不符合剧本的描述。"

绪川文雄虽是团长，但上野晶子跟他说话的时候不用敬语，一点都不客气，看来这两位应该是平起平坐的。

"不会有三个女生的。"

"怎么不会了？"

"因为上村薰是男的啊。'薰'也是男女通用的名字。"

上野晶子的眼中燃起愤怒的火焰。

"你说我是男的？开什么玩笑！我哪里像男人了啊！"

"谁说你是男人了？我是说，你扮演的上村薰是男的。"

"上村薰怎么可能是男的啊！"

"不过……如果凶手仅限于女性，不是上村薰就是秋田友香，那凶手岂不是很好猜吗？绪方优、井场博史这几个角色就没有存在的意义了。可要是有女性角色被误认为男性，而且还是凶手的话——凶手就很出人意料了，会非常有意思。而在绪方优和井场博史这两个名字里，只有前者有可能是女性。也就是说，绪方优才是凶手。"

"可绪方优用的是男性自称啊。"

"故意用男性自称的女人也是有的。"

"你就这么想当凶手啊？"上野晶子露出鄙视到极点的表情。

"不，我只是觉得要是没有这样的机关，凶手就没什么好猜的了。"

"瞧你这虎背熊腰的样子，搞了半天居然演了个女人，这算怎么回事啊？到时候一公布身份，底下的观众怕是都要笑出声了。光笑也就罢了，搞不好还会生气，嚷嚷着让我们退钱呢。一看剧中角色的名字，就知道春日显然是照着我们几个人写的。井藤这种温文尔雅型的也就罢了，说你这一脸熊样的家伙演的是个女人，哪怕是在舞台上，也毫无说服力啊。"

"就是，没有说服力！"秋山美保插嘴道，她跟上野晶子刚才还针锋相对，此刻却统一了战线，"要说你能演女人的剧……大概就只有以熊的世界为背景的话剧了，那样你还能演个母熊什么的。"

没想到秋山美保长得甜美可人，说出来的话却比上野晶子还要刺耳，和户都惊呆了。

"井藤，你觉得呢？说绪方优其实是女的，这也太荒唐了吧？"

上野晶子转而征求文雅型男的意见。

4

"是很荒唐。"

井藤浩一微笑着点了点头。

"是吧！"

"不过我认为，看到'姓氏要改'这句台词，就认定驿前英树向凶手提议的是婚姻关系，未免太过武断了。尽管得出这个结论的人是剧中的我——不对，是剧中的井场博史。"

"这话是什么意思？"

"男方在婚后改成女方的姓氏也是可以的。女方冠夫姓的情况确实比较普遍，但法律并没有硬性规定啊。只是冠夫姓是传统的社会习惯，所以这么做的人比较多罢了。"

"可不是婚姻关系，还能是什么关系啊？"

"收养关系。"

"收养？"

"驿前问凶手愿不愿意当他的养子。《民法》第八百一十条规定'养子应使用养父母的姓氏'。这意味着，一旦被人收养，就必须改用养父母的姓氏。结婚不一定会导致改姓，但成为养子必然会带来姓氏的改变。所以驿前才会说'虽然姓氏要改'。"

"可驿前和其他学生的年纪差不多啊，这样都可以收养的吗？"

"可以的，只要对方比你晚出生一天就行。"

"你知道得还挺多啊。"

"前一阵子，我演了一个律师的角色。为了把角色塑造得更丰满一些，我把《六法全书》都看了一遍。"

"为了塑造角色把《六法全书》都看了一遍？快去参加司法考试吧，赶紧的！别当什么蹩脚演员了，当律师更适合你。"

上野晶子冷嘲热讽。

"那驿前同学为什么要领养别人呢？"

秋山美保插嘴说道。

"驿前亲口说过，'现在全国上下只有我一个人姓这个''我一直以这个姓氏为荣''不能让它断绝在我这一代'——也就是说，他想通过收养别人来增加姓'驿前'的人。他肯定是相中了一位受邀上岛的学生。"

"想增加姓驿前的人？这理由也太牵强了吧？"

"可全国只有他一个人姓驿前，会想出这种办法不是很合情合理吗？而且站在更高的视角分析剧本，只有这样才能解释春日老师为什么要特意在剧本里使用'驿前'这个难得一见的姓氏，"井藤浩一推了推他的银边眼镜，"这就和第一幕里的神秘声音串起来了。声音的主人，就是几年前因驿前引发的那场车祸失去了父母的人。而那个人，也正是驿前为了保住自己难得的姓氏想要收养的人。一听到驿前的提议，他就想起了驿前在车祸发生后说过的每一个字。

"'要是用我的手机打过去，消防本部就知道我叫什么了啊！那可就麻烦了，因为……'

"'因为……'之后恐怕是这样的——'我的姓氏太罕见了，一旦被报出来，人家肯定会记住的……'于是那人意识到，当年引发车祸的正是驿前，进而产生了杀意。"

井藤浩一的推理让其他团员听出了神。虽然有些许牵强，但是相较于之前提出的假设，他的推理确实能把编剧选择"驿前"这一罕见姓氏的理由，以及那神秘的第一幕串联起来，并给出合理而连贯的解释。

井藤浩一继续说道：

"如果驿前有意收养凶手，那就意味着凶手的年纪比他小。驿前是大四，所以凶手必然在一年级的秋田友香、二年级的井场博史和三年级的上村薰之中。"

有道理！和户很是佩服。井藤浩一开辟了一种新的思路——驿前的提议不是"结婚"，而是"收养"，从而把自己的角色成功纳入了嫌疑人名单。

绪川文雄反驳道：

"驿前英树明明说过：'自我介绍的时候就别报年级啦，这样交流起来才不会有顾忌。'如果年龄是缩小凶手范围的条件，春日身为编剧，应该会让剧中人物提起年级的吧？按剧本里写的，就只有观众知道他们分别上几年级，剧中人物却无从得知，那他们岂不是没法揪出凶手了？"

"剧本缺了半截，那之后肯定有大家自报年级的描述。"

"我不服！"

绪川文雄一脸沮丧，仿佛一只没掏到蜂蜜的熊。他扮演的绪方优上大五，年龄比驿前大，所以不能被收养。换句话说，他不可能是凶手。难怪他不服气。

"你的推理还挺精彩的嘛！"上野晶子的语气颇为满意。

"井藤大哥可真聪明。"秋山美保微笑道。

井藤浩一微施一礼，继续推理：

"那么，凶手是三人之中的哪一个呢？如果驿前英树是为了保住稀有的姓氏才想到了领养，那他应该会选择男生。"

"为什么啊？"上野晶子似乎突然起了戒心。

"在现代社会，女性婚后冠夫姓的情况占了大多数。换句话说，就算驿前收了一个女生，让她改姓，这个女生也很有可能因为结婚再次改姓。站在这个角度看，要想把稀有的姓氏延续下去，还是收养男生为好。所以在可选的三个人里，驿前想领养的应该是我——错了，是井场博史。综上所述，井场才是凶手。"

"你搞性别歧视！保守反动派！"上野晶子骂道。

秋山美保则说："井藤大哥，我看错你了！"

你们不是才把井藤捧上天了吗？……和户不禁愕然。

忽然，绪川文雄两眼放光道：

"哎，我发现了一个问题！绪方优念大五，年级比驿前高，可这并不意味着他的年龄一定比驿前大啊！"

"这话是什么意思？"这回轮到"井场博史"警铃大作了。

"如果绪方优是应届考上大学的，但驿前英树复读了两年呢？那他不就比绪方优大一岁了吗？绪方优是男的，也满足传承稀有姓氏的条件啊。"

"可剧本里都写了，驿前是应届考上的。"

"那就是绪方优跳了两级。"

"跳级？真是这样的话，肯定会有伏笔。你能找到伏笔吗？"

"你好啰唆哦，伏笔长伏笔短的……"

"这可是推理剧啊，最后推导出来的真相肯定要有相应的伏笔。"

其他团员也认为绪方优跳过两级的说法太牵强。

"行吧行吧，凶手就在你们几个里头。"

绪川文雄甩手说道。

5

"我知道杀我的凶手是谁了。"

这句话仿佛出自看不见摸不着的鬼魂，把和户吓了一跳。

开口的竟是江本大吾。由于他饰演被害者驿前英树，不可能是凶手，他已经沉寂了许久，一直没有参与讨论。他说的是"杀我的凶手"，可见他和其他团员一样，也完全入戏了。

江本大吾说道：

"这个剧本有三个大家还没有讨论到的疑点。"

"三个？这么多？"上野晶子面露诧异。

"第一，剧中所有人物都是关西地区的大学生，角色表写的却是'×年生'，这很不对劲。关西地区的叫法一般是'×回生'，而不是'×年生'。"

"啊？是吗？"

是的，江本点头道。

"可春日会不会不知道啊？"

"不可能，他就是在关西上的大学。"

"啊，对哦……"

"第二，角色表有一部分人物介绍被烤焦了，每一行都有三个字看不清楚。我们一直以为那三个字描述的是角色就读的院系。但是仔细对照剧本的内容，就会发现并不是这样。大家回忆一下第二幕的自我介绍。秋田友香说她就读于'经济学院'。经济学院明明是四个字，三个字的空间是不够用的。"

"还真是……"

"第三，剧本上说绪方优是'五年生'。可他上的是文学院，不是六年制的医学院或药学院。而且他当着驿前的面嘀咕过'为了保住免费生的名额，我都不敢留级'，可见他没有留过级。那他怎么会是大五呢？"

没想到江本能捕捉到这样微小的细节，和户很是佩服。

"通过这几点，我们可以推导出这样一个真相——角色表上烧焦的三个字并非院系名称，而是'二〇〇'。换句话说，'■■■五年生'并不是'■学院五年生'，而是'二〇〇五年生'，也就是剧中人物的出生年份。

"有了这个前提，第一个疑点，即关西地区一般说'×回生'，而不是'×年生'的问题就不复存在了。第二个疑点，即'秋田友香就读的学院是四个字'这个谜团也能解开了。至于第三个疑点，即'绪方优上大五'，那就更不是问题了。顺便一提，二〇〇五年出生的人是二〇二四年前后上大学，而驿前说过'都二〇二四年了，这座小岛还没有覆盖手机信号'，所以角色的年龄也与剧中的时代设定相符。"

"哦哦，原来如此！"

"如果我猜得没错，没被烧焦的角色表应该是这样的……"

江本拿起放在大堂窗口的圆珠笔，在剧本中的角色表上写了几个字，展示给大家看。

秋田友香（※秋山美保）	明央大学，	二〇〇一年生。
井场博史（※井藤浩一）	法智大学，	二〇〇二年生。
上村薫（※上野晶子）	优洛大学，	二〇〇三年生。
驿前英树（※江本大吾）	东西大学，	二〇〇四年生。
绪方优（※绪川文雄）	南北大学，	二〇〇五年生。

"我们原以为五年级的绪方优年龄最大，一年级的秋田友香年龄最小，其实正相反。二〇〇五年出生的绪方优是最小的，二〇〇一年出生的秋田友香才是最大的。被害者驿前英树是二〇〇四年出生的，比他小的只有二〇〇五年出生的绪方优。这意味着他就是凶手。"

深夜的医院大堂竟响起了掌声。是其他团员在为江本鼓掌。

"你可真了不起啊，江本大哥。明明最没存在感，最后却是最出风头的一个。"

秋山美保笑嘻嘻地说道。

"不用特意强调'最没存在感'吧……"江本苦笑道，"驿前英树提议收养凶手，因此凶手只可能比他小，只有绪方优一人符合条件，这就是春日创作剧本时的逻辑。谁知角色表上多了一道焦痕，导致我们误会了剧中人物在年龄层面的大小关系，以至于无法根据年龄锁定凶手，猜测凶手的过程也比春日料想的复杂多了。

"如果剧中的所有人物就读于同一所大学，学长学姐跟学弟学妹说话的时候肯定是不用敬语的，很容易判断出谁的年龄更大。但由于他们来自不同的大学，虽然年龄各不相同，但说话都很有礼貌，所以很难通过台词判断谁更年长。之所以把人物设定成来自不同大学的学生，固然是为了营造出互相之间不太了解的局面，但是从结果看，这个设定反而加深了我们对年龄大小关系的误会。"

"谢谢你！谢谢你让我当凶手！"

绪川文雄一把抱住江本大吾。

"噫！快松手！"惨遭熊抱的江本一声惨叫。

就在这时，一位护士走了过来。会不会是因为他们太吵了，把护士引来了？和户不由得担心起来。

"各位是春日壮介先生的朋友吗？"

对！团员们点头回答。大伙面露忧色，不知护士带来的是好消息还是坏消息。

护士莞尔一笑："春日先生醒了，各位可以放心了。"

团员们顿时欢呼起来。

第七章 倒霉凶手

不運な犯人

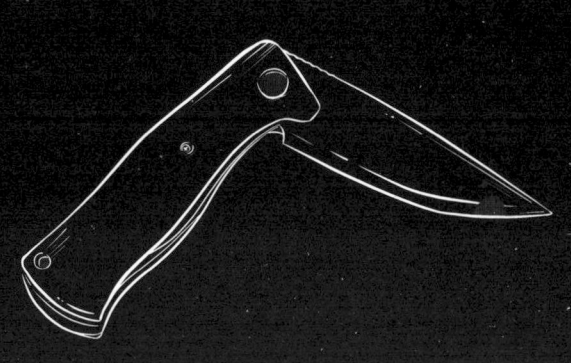

1

大巴的每一扇窗户都拉着窗帘。

算上和户宋志，车上总共只有六名乘客。

现在是十二月二十九日晚上九点多。从大宫站西口出发，开往鸟羽的高速大巴已经行驶了三十分钟左右。

大巴设有三排独立座位，十分宽敞。每个座位都配备了脚踏、腿托和头枕，非常舒适。座位与过道之间用帘子隔开，充分保证了私密性。

透过窗帘的缝隙向外望去，唯有一片漆黑。单调的震动让和户渐生困意。下一站是池袋站东口。过了那站，车厢就要熄灯了。

他听见了有人进出车尾洗手间的声音，不止一次。

忽然，他感觉到后一排的乘客站了起来。只见那人从和户身边经过，向前走去。那是个三十岁左右的男人，穿着夹克和牛仔裤，戴着棒球帽和口罩。洗手间明明在车尾，他为什么要往前走？和户呆呆地望着男人的背影。

男人把右手伸进夹克的口袋里，掏出了什么东西。那是个黑色的玩意儿，比手稍大一些。

刹那间，和户的心脏几乎停跳。那竟是一把手枪。

男人走到司机左侧，用手枪顶住了他的脑袋。

"从现在起，车上的事我说了算。"

司机清了清嗓子。

"这位先生，请不要搞恶作剧。大巴可能会在行驶期间急刹车的，除非需要使用洗手间，否则请不要离开您的座位。"

"谁跟你开玩笑了！这把手枪是真的！"

男人把枪对准天花板，扣动了扳机。

震耳欲聋的轰响，激起一片尖叫。只听见乘客们纷纷拉开帘子。

"什么声音？""怎、怎么回事？""搞什么啊，吵死了。"

和户转身望去，看到一位职场精英打扮的中年女士、一位二十岁上下的瘦弱青年和一位身材矮小的老年男士。

"我劫持了这辆大巴！我刚对着天花板开了一枪，证明这把枪是真家伙。丑话说在前头，这可不是只会响的玩具枪。天花板都被打穿了，抬头看看就知道了！"

"我必须专心开车，不能抬头。"

司机规规矩矩地回答道。

劫匪朝离他最近的和户招了招手。

"你！过来！看看天花板是不是穿了！"

和户起身走向劫匪。扑上去把人拿下的念头在脑海中一闪而过。奈何他不是动作片的男主角，哪儿有那个本事。他抬头看了看天花板。

"是有个洞。"

劫匪对司机说：

"听见没？这是真枪。不想死就老老实实地照我说的做。"

"您到底想做什么？"

"不想做什么。我就是受够了只有失败的人生，所以买了一把枪，

170

想尽情闹上一场。哟，不许碰目的地显示器的开关，"劫匪挥舞着手枪对司机说道，"我在电视上看到过，说显示器可以显示出'发生异常情况'这几个字，就是有人劫车的时候用的。我可不会让你得逞。拿着，用胶布把显示器的开关贴住。"

劫匪从夹克口袋里掏出胶带，摆在司机旁边。犹豫片刻后，司机双手松开方向盘，迅速撕下一截胶带，贴在了开关上。

"快到池袋站东口了。"

"不许停车，继续开！"

"往哪儿开？"

"按原来的路线，上首都高速。但上了高速之后不走东名高速，给我上东关东高速，一路开去铫子。"

"铫子？为什么要去铫子？"

"我想去犬吠埼看日出。"

大巴没有停靠池袋站东口，而是直接开了过去。站台上有个中年男子被眼前的景象惊得目瞪口呆。

"你们几个！都给我挪到右边去！从后往前，一个接一个挪！"

包括和户在内的四名乘客照办了。

"老头，把所有人的手机拿过来！"

老人家站起身，先拿出自己的手机，然后依次接过瘦弱青年、职场精英与和户的手机，再拿给劫匪。

"车上有几个乘客？"劫匪问司机道。

"除你之外，总共是五位。"

"五个？怎么只看到四个啊，还有一个？"

劫匪盯着车厢后部看了一会儿。

"喂！怎么有个人还坐着没动啊！听不见我说话吗！"

和户望向自己的左手边，只见一个身着黑色长外套、身材消瘦的中年男子坐在左侧窗边倒数第三个座位上。他没有拉帘子，所以和户能看到他的全身。他耷拉着脑袋，戴着头戴式耳机，双目紧闭，一动不动。

劫匪扯着嗓子吼道：

"喂！叫你呢！听不到我说话吗！"

那位乘客还是纹丝不动。

"大概是睡着了吧。"和户说道。

"那你去给我叫醒他！"

和户走向那个座位。男子还是没有动弹。耳机里隐约漏出嗡嗡的响声。和户把手搭在他的肩头，谁知他身子一歪，倒下了。

2

　　和户大吃一惊，连忙去摸那位乘客的脉搏，却什么都感觉不到。再把手举到嘴边，发现他也没有呼吸。最后掰开眼睛细细观察，只见瞳孔放大，一动不动。错不了，他已经死了。

　　死者穿着开衫。被大衣半遮半掩的右胸处，分明插着一把小折刀。

　　"他死了。"和户对着站在驾驶座左侧的劫匪喊道。

　　"死了？真的假的？"

　　劫匪的嗓门都变尖了。他差点走向和户，却想起自己不能离司机太远，只得留在原处。

　　"他的右胸口插着一把折叠刀。"

　　"你不是想蒙我吧？"

　　"他真的死了。"

　　和户骗他说，我是医生，不会搞错的。

　　"既然他身上插着刀子，那就是被人捅死的吧？"

　　"我觉得他自杀的可能性非常低。自杀一般会有犹豫痕，但死者身上完全没有这种类型的伤口。而且拿刀自杀的人也不太可能选择捅胸口的方式。应该是他杀，不会有错的。"

说完这句话，和户才意识到自己似乎表现得太冷静了。面对一具死于他杀的遗体，却丝毫不显慌乱，天知道劫匪会不会看出他是搜查一课的探员。警察的身份一旦暴露，必然会对劫匪造成无益的刺激，所以这是和户无论如何都想避免的情况。

不过，劫匪似乎没有对和户的过分冷静产生疑问。

"他杀？到底是谁干的？是你们中的一个吗？"

包括和户在内的四名乘客都说，不是我。

和户说道：

"这个人坐在从后往前数第三个座位上。而车尾有洗手间。凶手肯定是假装去上洗手间，接近他的座位，然后捅死了他。凶手本打算在大巴到达终点之前，找一个车站悄悄溜走，没想到你在他开溜之前劫持了大巴，害得他逃不掉了。"

"这凶手可真倒霉。"老人家说道。

劫匪突然皱起了眉头。

"怎么一直有东西在响啊，'嗡嗡嗡'的！"

"死者戴着的耳机在放音乐呢。"

"给我关了！"

和户照做了。

"趁这个机会，大家都做一下自我介绍吧？"职场精英模样的女士说道。

"自我介绍？"劫匪瞠目结舌。

"对啊，接下来可能有很多事情要讨论，不知道谁叫什么名字多不方便啊。"

"好啊。"瘦弱青年点头道。老人与和户也表示赞成。

"是我提议的，就从我开始吧。我叫小日向怜子。"

老人说道："我叫高野幸三。"

青年说道："我叫町田新介。"

和户说："我叫和户宋志。"

"你呢？"小日向怜子毫不畏惧地向劫匪发问。

"我不想说。"

"不想说？只让我们自报家门也太不公平了吧！"

"你知不知道这辆车现在是谁说了算！"

"你要是不肯说，我们该怎么称呼你呢？要不叫你'杰克'？"

"杰克？！"

"你不是劫车[1]了吗，所以叫杰克。"

劫匪毫不掩饰对这个称呼的厌恶。

"算了，我叫中山，中山浩一郎。"

"哟，好名字啊。"

听到这话，劫匪满脸通红。

町田新介问中山："这辆车要去犬吠埼是吧？"

"对。"

"那得开好一阵子才能到，为什么不利用这段时间把凶手揪出来呢？"

"揪出凶手？"中山目瞪口呆。

"嗯。发生了这种事，肯定是睡不着的。现在又是晚上，也没法欣赏窗外的风景。除了找凶手，也没有别的事情好做呀。"

"找凶手，不错啊！"小日向怜子的口气，就好像她在点评简报中提出的创意。

高野幸三表示："我也赞成。"

"你们几个好像还没认清自己的处境啊。"中山脸色一沉。

1　"劫车"的英文为"carjacking"，其中"jacking"的发音与"杰克"的英文发音相似。

"哎哟，我们找凶手碍着你啦？"

"就是，对你又没什么影响。"

"请在一百字以内阐述我们不应该寻找凶手的理由。"

中山被他们呛得一时语塞。

"行吧，随便你们。"话虽如此，可是看中山的表情，他似乎也不知道自己为什么要同意。

和户心想，看来是华生力起效了。

"那就请大家听听我的推理吧！"町田新介缓缓道来，"我的推理很简单。如果一路坐到终点站，遗体就一定会被发现，而车上的乘客也一定会被怀疑，所以凶手绝不会坐到终点站，必然会在终点站之前的下客点下车。换句话说，凶手买的是终点站之前下车的车票。所以，我想检查一下各位的车票。"

那口气像极了乘务员。

乘客们掏出车票，相互检查。只有一个人不坐到终点站鸟羽巴士中心，车票上分明写着倒数第二站：伊势市站前下客点。

那张车票的主人，是小日向怜子。

町田新介说道："你就是凶手吧。"

3

"荒唐！"职场精英冷笑道，"因为这种连推理都算不上的推理就认定我是凶手，未免也太可笑了吧。再说了，在大巴上行凶这件事本身就奇怪得很。"

"怎么奇怪了？"

"大巴上是有监控摄像头的啊。一看录像，不就知道谁接近过被害者了吗？录像铁证如山，耍提前下车这样的小伎俩根本毫无意义。"

"也许凶手不知道车里有摄像头呢？"

"一个打算在大巴上行凶的人总会提前做做功课吧？一查就知道车上有摄像头了啊。"

"……"

"由此可见，凶手并没有预谋。这起案件是突发性的，是冲动的结果。"

"可这么解释也有说不通的地方啊。如果凶手是一时冲动，那就说明他随身带着折叠刀。也就是说，凶器是他心爱的随身物品。照理说，凶手是不会让它就这么插在遗体上的，肯定会收回来。毕竟他对刀是有感情的，而且平时经常触摸，说不定会在某些地方留下指纹。可刀还插在遗体上，这说明刀是专为这次行凶准备的。事先准备刀具，正说明凶手是有预谋的。"

"没错，提前准备折叠刀，说明这是一起有预谋的犯罪。但是在装有摄像头的大巴上行凶，又体现出了突发性与冲动性。两者之间存在一定的矛盾。可以通过这个矛盾推导出的答案只有一个。"

小日向怜子环视在场的其他乘客。

"折叠刀原本是为另一项犯罪行为准备的。由于在大巴上突发的某种理由，凶手才用那把刀杀害了被害者。"

"另一项犯罪行为？还能怎么犯罪啊？你不是说大巴上有摄像头，不适合作案吗？"

"所以另一项犯罪行为很有可能是只能在大巴上实施的犯罪。"

"只能在大巴上实施的犯罪？"

"劫车啊。"

包括和户在内的其他乘客都不自觉地望向中山。劫匪皱起眉头：

"喂，你到底想说什么？"

"我的意思是，用作凶器的折叠刀原本是为劫车准备的。"

"我都有这玩意儿了，还要刀干什么！"

说着，中山挥了挥手中的枪。

"对，你有枪，所以不需要刀。"

"少给我绕圈子。你刚才不是说刀是为劫车准备的吗？"

"你有枪，所以不需要刀；但你的同伙没有枪，还是需要用刀的。在日本很难搞到好几把枪，所以只能委屈同伙用刀了。"

"同伙？"

"劫匪还有同伙？"

"是、是谁？"町田新介急忙问道。

"就是被害者啊。"小日向怜子朝死者所在的座位扬起下巴。

"你怎么知道？"

"如果同伙是被害者以外的人，而刀子还插在遗体上，那就意味着此时此刻，同伙手里没有劫车的武器。但同伙甘心放弃武器的可能性微乎其微，照理说他是一定会拿回那把刀的，可他并没有那么做。因为同伙已经死了，没法拿回小刀了——综上所述，被害者很有可能就是同伙。"

"那好端端的同伙怎么就变成了被害者呢？"

"内讧嘛。被害者是劫匪的帮凶。眼看着就要动手了，同伙却发憷了。再这么下去，同伙就会沦为累赘，甚至妨碍计划的进行。于是凶手一不做二不休，用同伙的刀捅死了他。"

"你竟然怀疑到我头上了！"中山瞪了小日向怜子一眼。

"没错。你命令我们换座位的时候，被害者没有照办。你一会儿嚷嚷'听不到我说话吗'，一会儿又说'你去给我叫醒他'，但那都是演出来的，以便掩盖你杀了他的事实。"

"我没杀他！"劫匪矢口否认，脸涨得通红。

"杀人犯一开始都是这么说的。"

"我发誓，我真没杀他！你们可以去翻他的东西！如果他是我的同伙，总能翻出些劫车要用的工具吧！"

乘客们面面相觑。毕竟普通人对搜查死者的随身物品这种事还是比较抵触的。和户提出："我来吧。"身为搜查一课的探员，这是他做惯了的工作。

"把你找到的东西都大声报出来，让我也听到！"

"好。"

和户翻了翻被害者的旅行袋，但包里只有换洗衣服和一些寻常的旅行用品，并没有用来劫车的工具。

"瞧见没！他不是我的同伙！所以杀他的也不是我！"中山说道。

和户注意到，被害者穿在开衫下面的长袖衬衫的胸前口袋里装着车票。车票标明的下车地点是终点站鸟羽巴士中心。车票背面有一抹淡淡的血迹。莫非是被害者被刀刺中之后，还伸手摸过车票？

被害者有一部智能手机，但处于锁屏状态，无法操作。锁屏壁纸是一张照片，照片中的被害者和一位女士并肩站在一栋三层小楼的大门口。门口上方挂着"野佐综合医院"字样的牌子。被害者特意站在医院门口拍照，说明这家医院可能就是他们家开的。

和户逐一汇报了他发现的这些细节。因为这些发现，说不定能成为推理的线索。

4

"看来我劫车的事情还没曝光……"中山看着手机喃喃自语，"新闻都没报。"

町田新介摇头道：

"不，也许警方已经知道了，只是要求媒体暂时不要报道而已。大巴不是没在池袋站东口停吗？当时有个乘客没上成车。他一旦向大巴公司投诉，公司就会立刻发现这辆车偏离了既定路线。"

"就算能发现车没在既定路线上，也不知道它到底在哪儿吧。"

"只要大巴被N系统[1]的摄像头拍到，就能立刻锁定具体的位置。"

"管它呢。只要能去犬吠埼看一眼日出，我就心满意足了……咦？"

中山看着手机屏幕，呵呵一笑。

"新闻说有个男的在东名高速的海老名服务区往停着的大巴泼汽油，被警察抓了。那人叫村下宣一，据说是一家投资基金的总裁。什

1　车牌自动辨识系统。

么世道啊，疯子可真多。"

沦为劫匪口中的疯子，那位总裁怕是也委屈得很。

"打扰了，我也想到了一种推理，不知各位是否愿意一听？"

司机突然开口，让和户吃了一惊。中山一脸的不爽，说道：

"你不会也觉得我是凶手吧？"

"不，我要告发的是另一个人。"

"那就行，说来听听。不过千万不能疏忽行车安全。"

"那是当然，安全第一是我们公司的一贯宗旨。"

看来司机也受到了华生力的影响。

和户当然希望司机专心开车，本不想让华生力作用于他，奈何这种力量不以人的意志为转移。

"听完各位乘客的分析，我认为案发现场有两处疑点。"

"两处？这么多？"

"是的。首先，死者座位的帘子没有被拉上。这肯定是因为凶手没有在行凶后离开现场时拉帘子。可他为什么不拉呢？照理说，凶手肯定想尽量拖延遗体被发现的时间。虽说过了池袋站东口，车里就会熄灯，所以遗体不容易被看到，可要是不拉帘子，难保去洗手间的其他乘客不会发现。

"其次，凶手也没有停掉死者用耳机听的音乐。从耳机漏出来的声音相当大。这里可是大巴的车厢，要是到了凌晨两三点还有这么大的声响漏出来，其他乘客可能会出言提醒。到时候，也许就会有人发现车上死了人。

"就算凶手在行凶后因为过度慌张忘了拉帘子，也忘了停掉音乐，只要回到座位上冷静一下，就会意识到自己少做了那两件事，进而想办法补救。

"然而，凶手并没有那么做。唯一说得通的解释是，凶手是一个无法在行凶后接近死者的人。"

"无法在行凶后接近死者的人？这话是什么意思？"町田新介问道。

"你是说，他太害怕了，所以不敢去被害者那儿？"小日向怜子说道。

"说句不合时宜的话，各位对待中山先生的态度，足可以体现出在场的每一位乘客都是胆量过人，相当沉得住气，应该不至于不敢接近死者的座位。"

乘客们不禁苦笑。

"那凶手为什么无法在行凶后接近被害者呢？"

"因为凶手要驾驶大巴。"

"啥？'因为凶手要驾驶大巴'是什么意思？"

"凶手就是我。"

"啊？"所有乘客不由得发出惊呼。

"死者是第一个上车的乘客。等他在自己的位置坐定，我就杀害了他。就在这时，下一位乘客来了。为了检票，我急急忙忙走到了车门口。但我走得太着急了，没想到要拉帘子，也没想到要停掉音乐。发车后，我才意识到自己犯了大错，可惜为时已晚。我本想等车开到服务区的时候偷偷拉上帘子，停掉音乐，没想到服务区还没到，大巴就被中山先生劫持了，计划就这样落空了。"

"如果你是凶手，为什么不直接说'是我干的'，而要费尽心思做一番锁定自己的推理啊？"

"我也不知道为什么，就是很想推理一下。"

华生力的强大，令和户不知所措。在他之前遇到的"暴风雪山庄"案件中，都是被华生力提高了推理能力的相关人员推理出了真凶。谁知在本案中，推理能力得到强化的凶手没有直接坦白罪行，而是通过推理将"凶手就是我"的事实摆在了大家面前。华生力竟然强大到这个地步，连凶手都逃不出它的掌心。

"你为什么要杀他啊？"高野幸三问道。

"他和我妹妹解除了婚约，逼得妹妹寻了短见。他一出示车票，我就认出他了。他却像是完全没有认出我是他前未婚妻的哥哥。我顿时怒火中烧，抄起其他乘客忘在车上的折叠刀，对准刚坐稳的他，把刀捅进了他的胸口。"

"你赶紧自首吧，这样还能从轻处理。"中山的声音似乎带着几分阴郁，也不知那是不是和户的错觉。

"不，我不会自首的。既然杀了人，就该以死赎罪。"

"啊？"

"我决定让这辆车一头撞上中央隔离带，这样我就会死了。难为各位无故遭殃，但这也是没有办法的事情。各位就当是自己运气不好吧。"

"喂！喂！你胡说什么呢！"中山急忙安抚，"别糟蹋自己的生命，别冲动啊！你要想赎罪，就不应该寻死，活着赎罪才像话啊！"

说到这里，他又对和户等人嚷嚷起来。

"喂！你们也赶紧过来劝劝他啊！"

包括和户在内的四名乘客离开座位，沿着过道走到驾驶座周围。

中山把目光投向高野幸三。

"老头！你的人生经验那么丰富，肯定知道该怎么劝阻寻死的人！快帮着劝劝啊！"

"我爱人常说：'你这人说出来的话就跟刨花一样，轻飘飘的，毫无说服力。'"

"那……女强人！你来劝！"

"我需要演讲装备，你得帮我准备好电脑、投影仪和屏幕。"

"你让我上哪儿找去啊！"中山向和户投去恳切的视线，"那……医生！换你来！"

"那我就讲讲日本人的三大死因吧……"

"谁要听这个啊！算了算了……小伙子！你还那么年轻，最不缺的就是希望，赶紧匀点儿给他！"

"我昨天刚被交往了两年的女朋友甩了，哪里还有什么希望……"

中山把手枪撂在最前排的座位上，摘下棒球帽，狠狠挠了挠头。

"妈的，没一个靠得住！"

"趁现在！扑上去！"

和户大喊一声，擒住中山的腰。劫匪失去平衡，一屁股跌坐在过道上。高野幸三与町田新介这才反应过来，连忙压在中山身上。小日向怜子则用手里的包猛砸中山的脸，还不止一下。

"好痛好痛！别打了！"

中山一阵惨叫，已是眼泪汪汪。看来他已经完全丧失了斗志。

"司机师傅，你会去自首的吧？"

町田新介问道。

"不，我不会自首的。"

"啊？你还是要寻死吗？"

"我也没打算寻死。我之所以告发自己，是为了让中山先生吓一跳，创造制伏他的机会。刚才的推理都是我编的。"

"编的？"

"对，"司机笑着点头道，"我家兄弟五个，我是年纪最小的，根本没有妹妹。"

5

　　众人按照司机的指示，取出车上备着的绳子，把中山绑了起来。然后，司机通过无线电向大巴公司和警方报案，说有人企图劫车。公司让司机把车开去最近的服务区。

　　"呃……能不能让我也推理一下？"

　　中山突然发话，把和户吓了一跳。被制伏之后，他的情绪稳定多了，仿佛刚有人驱除了附在他身上的邪物。

　　"请便。推理是每个人都享有的权利。"和户说道。

　　"多谢。我就是突然有种想推理的冲动……思路从没有这么清晰过。"

　　看来华生力也影响到了他。

　　"从凶手的名字说起吧。凶手叫村下宣一。"

　　"啊？"

　　听到中山报出一个陌生的名字，和户不禁哑然。其他乘客和司机也是一脸疑惑。

　　"村下宣一是谁啊？"

　　"我刚才不是用手机刷到了一条新闻吗？就是那个在东名高速的

186

海老名服务区往停着的大巴泼汽油，被警察抓走的男人。"

"你怎么知道凶手是他啊？你们认识吗？"

"不，我不认识他。但他在服务区往大巴泼了汽油，所以我知道他就是凶手。"

中山神秘兮兮地说道。他眼中闪烁着智慧的光芒，许是华生力所致。

"我的推理是以司机师傅刚才的推理为基础的。"

"哦？"

"凶手本该在行凶后回到被害者身边，拉上帘子，停掉音乐，但他没有那么做。如果凶手是车上的乘客，他完全可以假装上厕所，借机走过去。可他没有去，这说明凶手是一个无法在行凶后接近被害者的人——司机师傅根据这一点得出了'自己是凶手'的结论。但这套推理被推翻了。

"不过我认为，'凶手是一个无法在行凶后接近死者的人'这个结论本身并没有错。顺着这个思路往下想，我就意识到，还有别人无法在行凶后接近被害者啊。"

"有吗？"

"有，比如不在车上的人。"

"不在车上的人？这话是什么意思？"

"被害者是在上车前被捅的。"

"啊？"

"我听说不把刀子拔出来，刀就会起到塞子的作用，血也不会流出来，所以短时间内还是可以行走的。被害者在上车前被捅，但出于某种理由上了车。然后他坐在了自己的座位上，没过多久就断了气。所以帘子才没有拉上，音乐也没有停。"

见中山说得头头是道，条理清晰，与之前判若两人，乘客们都很错愕。

"还有其他线索表明被害者是在上车前被人捅伤的。他的车票背面不是有血迹吗？血是什么时候蹭上去的呢？上车后是不需要碰车票的，所以照理说，被害者没有必要在被人捅了一刀之后，再用沾了血的手去摸车票，不是吗？"

和户恍然大悟。

"只有在上车的时候，才需要向司机出示车票，所以车票上的血应该是那个时候蹭到的。换句话说，被害者在检票的时候已经被捅了。大概是他的手碰到了伤口，所以手指上沾了血。"

"死者在检票的时候已经被捅伤了吗……"

司机茫然道。

"对。但由于被害者穿着长外套，你看不到那把刀。而且被害者出示车票的时候，血蹭到了票的背面，而你看的是正面，所以才没有发现。"

町田新介不解地说道：

"可被害者为什么要上车呢？都被人捅伤了，难道不该去医院吗？"

"因为他做了亏心事，不敢去医院。"

"亏心事？"

"被害者本想用折叠刀捅死凶手啊。"

"啊？"

"被害者原计划在大宫站西口附近杀掉凶手，然后立刻乘坐高速大巴逃往鸟羽。谁知他不仅没得手，还被凶手捅了一刀。要是去医院求助，人家肯定要问'你这刀伤是怎么来的'，到时候他就得向警方坦白杀人未遂的事实了。他别无选择，只能按原计划上车。"

"被害者手机的锁屏壁纸是他和一个女人站在医院门口拍的照片

对吧？由此可见，那家医院可能就是被害者家里开的。医院十有八九就在鸟羽。去自家开的医院，也许就能瞒着警方，偷偷处理好伤口了。于是被害者决定先去鸟羽。

"然后，让我们站在凶手的角度想一想。被害者持刀袭击凶手，但凶手夺刀捅伤了被害者。这是突发性的行为，所以凶手当然不会为了防止留下指纹提前戴好手套。刀上还有凶手的指纹。在这种情况下，凶手会怎么想呢？"

"想把指纹擦掉？"

"没错。问题是，被害者上了大巴。凶手一路紧追，可还没来得及上车，车就开走了。于是他就没法擦掉刀上的指纹了。"

"等一下！"小日向怜子说道，"你说凶手还没来得及上车，车就开走了，可你凭什么这么断定呢？凶手完全有可能以乘客的身份上车啊。"

"不可能。"

"为什么？"

"我们一度认定被害者是在车上被捅死的。也就是说，我们认为凶手就在乘客之中。如果凶手以乘客的身份上了车，他肯定会抛出'被害者在上车前被捅伤'这个假设，否则身在车上的他就有嫌疑了。可要是被害者是在上车前被捅伤的，那嫌疑人的范围就非常大了，不一定是车上的人干的。然而，没有一个乘客提出这样的假设。因此我们可以排除凶手以乘客身份上车的可能性。"

"有道理……不过话说回来，你还挺厉害的嘛！感觉你突然变聪明了，眼神都跟刚才不一样了。等你改造好了，要不要来我手下工作啊？"

"我也不知道为什么，只觉得脑子转得特别快……"中山略有些难为情，"言归正传。我刚才也说了，凶手想擦掉刀上的指纹。但被害者上了大巴。凶手还没来得及上车，车就开走了，于是凶手就没法擦指纹了。

"如果被害者就这么死了，警方一查刀上的指纹就知道是谁干的了。所以凶手心想，我无论如何都要擦掉刀上的指纹……其实凶手的行为顶多是防卫过当，应该不会判得很重，想必他是一个犯了轻罪就会丧失社会地位的人。

"为了擦掉刀上的指纹，凶手决定在下一个停靠点，也就是池袋站东口上车。凶手肯定是骑摩托车赶了赶路。从大宫站西口到池袋站东口，这辆大巴要开四十分钟左右，但摩托车可以在车流中穿行，应该能赶在大巴之前抵达池袋站东口。到达池袋站东口后，凶手去大巴公司的柜台买了车票。包括我在内，这趟车只有六名乘客，所以快发车的时候也能买到票。

"谁知我劫持了这辆车，所以大巴没有在池袋站东口停靠，直接开走了。凶手肯定没想到这一出。"

听到这里，和户忽然想起了大巴经过池袋站东口时的一幕。当时站台上有个男人眼睁睁地看着被劫持的大巴开走，一脸茫然。原来他就是凶手啊？

和户本以为凶手是因为劫匪的突然出现没能逃离犯罪现场。殊不知，凶手其实是因为劫匪的突然出现没能去成犯罪现场。

"凶手不明白大巴为什么不停，但他不敢去柜台询问。因为他想尽可能避免被柜台工作人员记住的风险。

"于是，他决定追上去。他知道大巴的路线，所以打算赶去下一个要停靠的服务区等着。问题是，服务区不同于上车点，已经上车的乘客可以下车休息，但不会有新的乘客在服务区上车。这意味着凶手没法上车擦掉指纹。在这种情况下，凶手会怎么办呢？想到这里，我就回忆起了用手机刷到的新闻。有个叫村下宣一的男人在东名高速的海老名服务区朝大巴泼汽油，被警察抓走了。朝大巴泼汽油……他是不是想放火烧车呢？"

"放火烧车？"

"没错。把大巴烧了，刀上的指纹当然也会被火焰抹去。就算躲过了火，也会沾满灭火剂的泡沫，反正是提取不到指纹的。那个村下宣一的所作所为，不是和凶手完全吻合吗？而且那人是投资基金的总裁，确实会因为防卫过当致人死亡名誉扫地。这一条也和凶手的条件相符。这让我确信他就是凶手。对了，村下宣一长这样。你们不觉得眼熟吗？"

中山点了点手机，把屏幕展示给其他乘客。一看到屏幕上的中年男子，乘客们齐声惊呼："啊！"他正是大巴开过池袋站东口时在站台上目瞪口呆的那个人。

"这辆车并没有按村下预想的开去海老名服务区，因为我把目的地改成了铫子。但劫车的事情没有被媒体报道出来，所以村下不知道有这回事，骑着摩托车，走高速去了海老名服务区，然后把汽油泼在了大巴上。然而，那是款式相同的另一辆大巴。服务区停着好几辆大巴，大半夜的也看不清楚，难怪他会搞错。火烧大巴确实是一种非常暴力的手段，但村下让被害者逃了，销毁证据的算盘也落了空，所以他当时的精神状态已经不太正常了。"

和户心想，你一个自暴自弃跑来劫车的人，有什么资格说人家精神状态不正常啊……但他当然没把这话说出口。

"那被害者为什么要袭击那个村下啊？"

"村下是一家投资基金的总裁，而被害者家经营着野佐综合医院。也许村下的投资基金和野佐综合医院因为收购闹了一些矛盾，所以被害者对村下怀恨在心。不过嘛，这些事回头去问村下就行了。"

本案的凶手突然遇袭，好不容易反杀了袭击者，却让人跑了。他只能在隆冬季节的大半夜骑着摩托车长途跋涉，却在销毁证据时栽了跟头，被警方逮捕。末了还要被一手造成他全盘皆输的劫匪告发。这个凶手真是太倒霉了……和户不禁对他产生了同情。

尾　声

和户结束了对七起案件的回想。

囚禁他的人，就在最终推理出真相的七人之中。会是谁呢？

警视厅SAT队员片濑亚美，在被雪地包围的民宿解开了两人被射杀之谜。

画家大前文幸，在漆黑的地下室抽丝剥茧，还原了殴打致死案的真相。

笹森家的平山管家，在暴风雨中的小岛解决了毒杀案。

射击俱乐部成员宫城时夫，以精彩的推理，破解了发生在雪后工地的不可能犯罪。

东天航空国际线机长香川，看破了在飞往洛杉矶的客机上发生的注射器毒杀案的玄机。

剧团成员江本大吾，在围绕缺失解谜部分的推理剧进行讨论时找出了真相。

劫匪中山浩一郎，对发生在被劫大巴上的命案做出了精准的推理。

囚禁和户的人，必然在这七人之中。且慢，中山正在受审，这会儿应该在看守所里，所以嫌疑人应该在其余六人之中。

考虑到嫌疑人干净利落地弄晕了和户，并把他送进了这个房间，没有留下蛛丝马迹，SAT队员片濑亚美好像比较可疑。

这间屋子应该是防核战掩体，但普通人家是不会有这种设施的。如此想来，似乎又只有在财力雄厚的笹森家当差的管家平山符合条件。

在这六个人里，这两位的嫌疑最大，但其余四人的嫌疑也不能完全排除。

和户想得精疲力竭，呆呆地看着眼前的墙壁。

就在这时，他突然注意到了一条线索。有了这条线索，就能锁定嫌疑人是在哪一起案件中推理出真相的人了。

墙壁。对啊，这里有墙。

早该反应过来的。不，就是因为线索过于明显，他才迟迟没有注意到。一旦注意到这条线索，就能锁定六人之中的一个。囚禁和户的人，只可能是他。

和户以一己之力识破了嫌疑人的身份，这令他欣喜若狂。

现在他知道嫌疑人是谁了，可下一步该怎么办呢？

和户不能让嫌疑人知道自己已经识破了他的身份，否则嫌疑人十有八九要杀他灭口。眼下嫌疑人似乎并不打算要他的命，但身份一旦暴露，难保他不会改变方针。

这意味着和户不能告诉嫌疑人"我已经知道你是谁了"。

那他只能继续等下去，什么都不做吗？等嫌疑人借助华生力提高了推理能力，达成既定目标之后，他会不会放和户离开？和户应该老老实实地等待那一刻的到来吗？

可谁能保证嫌疑人会轻易放走和户呢？也许他打算先激活华生力，然后杀了和户灭口。

到底该怎么办？

和户苦思冥想了好几个小时，疲惫不堪。就在这时——

突然，门仿佛被炸开一般轰然开启，三个人影一拥而入。他们都穿着深蓝色的突击服，外面套着防弹背心，戴着带遮阳罩的头盔，手持枪械。那分明是警视厅的SAT队员。他们环顾室内，然后一个人打开通往洗手间的门，另一个人则迅速把枪口对准洗手间的内部。第三个人打开了装有食品和水瓶的纸板箱。他们似乎在检查室内有没有爆炸物。

确认室内一切正常之后，三人中个子最小的那位抬起了遮阳板。一看到遮阳板下的那张脸，和户不禁目瞪口呆。

"哟，好久不见。"

片濑亚美咧嘴一笑。

*

亚美和她的队友把和户带出了那间屋子。门后有一道通往上层的楼梯。正如和户所料，嫌疑人把他囚禁在了地下室。

楼梯尽头是一间将近二十张榻榻米大的客厅，装修极尽奢华。其他SAT队员正在房间各处检查。嫌疑人却不见踪影，大概已经被警方逮捕了。

华生力的作用范围是半径约二十米的圆形。说得再准确些，是半径约二十米的球形。嫌疑人十有八九企图在这间客厅享受华生力的功效。

客厅里有一张桌子，上面摆着台式电脑和显示器。嫌疑人似乎以华生力强化过的推理能力，用电脑进行了某种操作。

走出大门一看，天都黑了。和户问亚美："现在是几号几点啊？"亚美回答："二十二号晚上十点。"从二十日晚上八点多被绑架到现在，已经过去五十多个小时了。

　　警方在围墙内的各处设置了投光器，照亮了这片区域。和户回头打量自己刚走出的那栋楼。那是一栋两层高的洋房，古色古香。

　　出了院门，和户看了眼门柱上的铭牌。上面写的正是他推理出的嫌疑人的姓氏。和户为自己做出了正确的推理激动不已。

　　SAT的装甲车、搜查一课的警车和救护车停在院门外的马路上。各处都有身着制服的警官把守。街坊邻居站在警戒线外，提心吊胆地朝这边看。

　　三组的组长和同事们也站在路上。一见到和户，他们就七嘴八舌地喊道："难为你了！""回来啦！"和户报以微笑。

　　医护人员表示，和户的身体并没有异常，但还是需要做些检查，以防万一。于是和户被送上救护车，前往警察医院。他做了全套精密检查，确定身体没有问题，但还是得住一天医院。医院给他安排了一个单间，让他好好休息。

　　第二天，也就是二十三日上午，搜查一课的课长在三组组长的陪同下来到病房，亲切慰问了和户。课长报出了嫌疑人的名字，还说囚禁他的地方就是嫌疑人的家，位于立川市。

　　和户问，大家是怎么查到他被囚禁在那栋洋房里的。课长回答："我们接到了一条匿名举报。举报人说，他看到两个人把一个男人抬进了那栋洋房，一个怯懦地嘟囔着'怎么能绑架在职的警察啊……'，另一个则好言安抚。"

　　搜查一课高度重视这条线索，立刻派负责绑架、人质类案件的特殊犯搜查组——SIT前往洋房。房主倒是现身了，可谁知他一听说有人打匿名电话举报，就把房门一关，还上了锁。就在探员打算绕去另一侧的窗口察看情况时，房主开了枪。探员匆匆撤退，房主则趁机放下了洋房的所有百叶窗。

在职警官遭人绑架囚禁——考虑到事态的严重性，警视总监决定派出SAT。SAT队员赶到现场后先劝说嫌疑人投降，但嫌疑人拒不服从，于是他们强行突击，制伏了嫌疑人。通过嫌疑人的供述，众人得知和户被关在地下室，这才下楼把人救了出来。

"囚禁你的那间屋子是防核战掩体。据说那里本来是用作防空洞的地下室，在三十多年前被改造成了防核战掩体。此外，门被改成了可以从外面反锁的设计，天花板上还安装了监控摄像头。这方面的改造应该是最近才完成的，便于关押与监控。"

"防空洞？有防空洞的房子，应该有些年头了吧。"

"据说那洋房是嫌疑人的祖父传下来的，"说到这里，课长看了和户一眼，"对了，有一件事我们百思不得其解。我们正在分析客厅的电脑，发现嫌疑人把你抓回去之后一直在炒外汇。"

"炒外汇？"

"就是外汇保证金交易。他设了极高的杠杆，似乎想在短期内反复交易，赚取巨额利润。但我们看不出'炒外汇'和'囚禁你'这两件事有什么关系。嫌疑人对这一点也是闭口不言，保持沉默。他有没有跟你说过他为什么要抓你啊？"

"没有……而且我自始至终都没有见过他。"

原来嫌疑人之所以想借助华生力大幅提升推理能力，是为了搞外汇保证金交易啊。他对囚禁和户的目的守口如瓶，恐怕是因为把华生力的事情说出来也没用，探员是不会相信的。

"今天你就好好休息一下吧。"说完，课长就和组长离开了病房。

*

快中午的时候，和户又接待了一位访客。

"你看着还挺精神的嘛。"

片濑亚美坐在椅子上，细细打量坐在床上的和户。她没穿昨天的突击服，而是一身牛仔夹克配牛仔裤的打扮。头发和在民宿遇见时一样短。她有称得上美女的长相，身材也相当不错，却有着逼人的气场，让人不由得联想到豹子。

"多谢你昨晚救我出来。"

和户鞠躬道谢。亚美摆了摆手，用生硬的口吻说道："别这样，怪难为情的。"

"对了，有一件事我始终没想明白……"

和户说起了他获救的契机，那通匿名电话。

"到底是谁打的啊？你知道吗？"

亚美环视病房，似乎是在确定四周没有别人，然后说道：

"那通电话是我找人帮忙打的。"

"是你找人打的？"和户凝视着她，"也就是说，你早就知道我被人关起来了？为什么啊？难道……"

"你怀疑我是抓你的嫌疑人啊？怎么可能。"

"那你怎么会……"

"在解释那通电话之前，有一件事我必须找你问个清楚。你是不是有某种神奇的力量，能让周围人的推理能力暴增的那种？"

和户愕然。她怎么会知道华生力的存在？

"我就知道你有。"

"对。"

和户告诉她，自己把那种能力命名为"华生力"，还讲述了名字的由来。亚美笑道：

"华生力啊！够精辟，这名字取得太妙了。"

"你是怎么察觉到我有华生力的？你怎么知道我被关在哪里啊？"

亚美徐徐道来。

在雪中民宿解开了两人被射杀之谜后，亚美便对推理产生了兴趣，甚至产生了调去搜查一课的念头。在民宿那晚，她觉得自己的脑子转得格外快，但案子结束后又恢复到了平时的水准。她心想，在这种状态下调去搜查一课，恐怕也闯不出什么名堂，于是就作罢了。谁知一年过去，她对推理的兴趣并没有降温，还惦记着调去搜查一课的事情。

前天傍晚，她决定找和户商量一下，便在下班后去了一趟搜查一课所在的本部大楼六层。只见两个一课探员模样的男人站在暗处讨论和户失踪的事情，神情很是凝重。亚美不禁上前逼问："和户失踪是怎么回事？"不知为何，两位探员满脸惧色（听到这里，和户心里直犯嘀咕：看到你突然杀过来，是个男人都会害怕的吧……）。他们告诉亚美，和户今天没来上班，手机和家里的固定电话都没人接。同事去他家找人，却发现家里没有他回去过的迹象。和户没有突然消失的动机，所以他很有可能被卷进了案子里，一课即将展开调查。

亚美吃了一惊，却也帮不上忙，只能怀着对和户的担心回家了。

第二天上午九点多，亚美所在的SAT小组坐车前往训练地点。当车停在立川市住宅区附近的十字路口等红灯时，亚美突然产生了一种不可思议的感觉。

视野中的所有细节都清晰地浮现在眼前，仿佛镜头突然对上了焦。原本看似不相关的事物，似乎被有意义的丝线串联起来。散乱无序的元素兀自变得井然有序……

那正是在民宿切磋推理时体验过的感觉。时隔一年多，那种感觉竟然又回来了……亚美茫然无措。然而，当信号灯变绿、车辆开始行驶后，似曾相识的感觉就消失了。

那种感觉为何突然复苏？又为何突然消失？

想到这里，亚美察觉到了一种可能性。在民宿的时候，她的思路格外敏捷，那是因为她身边有"某种东西"带来了那样的效果。案子结束后，"那个东西"离开了她，所以头脑清明的感觉也消失了。而片刻前，那种感觉又回来了。这会不会是因为带来那种效果的"某种东西"就在车辆等红灯的路口附近呢？由于信号灯变绿了，车辆驶离了路口，所以那种感觉又一次消失了。

　　那么，带来那种效果的"某种东西"究竟是什么呢？这时，亚美忽然想起了和户所属的搜查一课第二强行犯搜查三组——三组的破案率高达百分之百，着实惊人。亚美本想调去搜查一课，所以粗略了解过一课的情况。当这件事和"和户也在同一时间入住了那间民宿"的事实在脑海中联系起来时，一个近乎妄想的念头显现出来——莫非让她的头脑变得异常清晰的"某种东西"，就是和户宋志？所以和户所在的三组才能以惊人的破案率傲视群雄，所以亚美才能破解民宿的谜案。

　　如果真是这样，那就意味着和户就在那个路口附近。因为她在那个路口再一次产生了头脑清明的感觉。和户不太可能是主动隐秘了踪迹，所以他极有可能被囚禁在那个路口附近。

　　亚美很想回那个路口仔细调查一下，奈何训练不等人。她只能坐在摇晃的车里，因为焦躁而备受煎熬。到达训练场地之后，她一直心不在焉。直到傍晚时分工作结束，她才有空赶往那个路口。

　　她先明确了SAT车辆停在了路口的哪个位置，然后走去旁边的人行道立定。那种感觉又降临了。它究竟来自何处？

　　左手边不远处的街角，有一座被石墙环绕的宅院。石墙从路口的拐角处向两边各延伸三十米左右，可见这户人家的占地面积相当大。院内树木繁茂，远处有一栋两层高的古老洋房。这一带都是居民区，却只有那栋洋房格外耀眼。

直觉告诉她，那就是囚禁和户的地方。为了证实自己的猜测，亚美沿着从路口的拐角处向两边延伸的石墙走了走。无论往哪个方向走，只要她走到没有石墙的地方，那种感觉就会消失。接着，她又从洋房所在的街角出发，分别穿过朝两个方向延伸的人行横道，走去马路对面感受了一番。无论她走的是哪一条人行横道，那种感觉都会在她走到一半路程的时候消失。

　　总而言之，一旦远离那栋洋房，神奇的感觉就会消失。这也从侧面证明了和户被囚禁在洋房之中。

　　问题是，她要用什么理由说动警方调查洋房呢？她之所以认定和户被囚禁在这里，不过是因为只要她站在这里，头脑就和在民宿时一样清晰。在旁人看来，这样的理由未免太荒诞无稽了。无奈之下，亚美只好请当年和她在同一家空手道馆练功的师弟帮忙。师弟热情地表示：“只要亚美师姐一句话，让我干什么都行！”就是这位师弟给警视厅打了匿名电话。

　　“原来是这样啊……”

　　和户深感佩服。没想到华生力竟能以那样的形式将他从危难中解救出来。不过话说回来，亚美能察觉到和户的所在纯属侥幸。华生力的作用范围是以和户为中心、半径约二十米的球形。从囚禁和户的地下室到洋房旁边的马路，有将近二十米的距离。因为SAT的车辆恰好穿过了华生力的作用范围，亚美才能受到华生力的影响，再次产生思路格外清晰的感觉。可要是SAT的车辆走的是另一条路线，华生力就无法作用于她，她就察觉不到和户的所在了。

　　“这回轮到我问你了。嫌疑人抓你干什么啊？他把该交代的都交代了，唯独最要紧的犯罪动机死活不肯说，一直保持沉默。据说他把你抓回去之后一直在用电脑炒外汇，可炒外汇和囚禁你有什么关系啊？他跟你说过什么吗？”

"嫌疑人从头到尾都没露过面。不过我被抓之后也动了不少脑筋，推测出了他抓我的动机。他大概是想让我发动华生力，增强他的推理能力，这样就能通过炒外汇赚到更多的钱了。"

"他想让你发动华生力？他怎么会知道你有华生力啊？"

和户告诉亚美，除了民宿的两人射杀谜案，他还遇到过六起案子，最后都是因为华生力作用于案件相关人员破的案（当然，围绕推理剧进行的讨论也许算不上"案件"）。

"你竟然碰上了这么多案子啊……"

亚美瞠目结舌。

"所以我猜测，最后推理出真相的某个人可能会察觉到，有某种特殊的力量强化了相关人员的推理能力。然后，他得知我所在的搜查一课三组的破案率高达百分之百，并根据这一点确定了我就是华生力的所有者。"

"跟我察觉到你有华生力的思路是一样的吧。"

"对。不过话说回来，国际航线的机长明明是高薪职业，他又何必把我关起来炒外汇呢？"

"据说嫌疑人住的那栋洋房是祖父那代传下来的，但日常养护开销很大，还要支付很高的固定资产税，机长赚得虽然不少，却也有些吃不消了。所以他才炒起了外汇，做起了一夜暴富的美梦。而且他毕竟是飞国际航线的，自以为对外国的情况比较了解。对了，他绑架你的时候用的高压电击枪，还有SIT的探员上门调查的时候用的枪械，都是他利用职务之便走私进来的，"说到这里，亚美忽然问道，"你刚才说嫌疑人是国际航线的机长……是别人告诉你的？"

"不，是我在被囚禁的时候自己推理出来的。"

"自己推理出来的？"

亚美面露惊讶。

"对。我回顾了每一起因华生力作用于相关人员顺利解决的案子，在最终做出正确推理的人里锁定了机长香川，觉得他最有可能是囚禁我的人。"

　　"你是怎么怀疑到他头上的？"

　　"推理的出发点是，嫌疑人没和我待在一起。"

　　"那又怎么样？"

　　"也就是说，嫌疑人知道华生力可以穿墙，知道他不需要和我面对面说话，也能享受到华生力的作用。"

　　"对哦。"

　　"在我经历过的那七场推理比拼中，发生在雪中民宿的双人射杀案、发生在漆黑地下室的重击致死案、在暴风雨中的小岛上发生的毒杀案、雪后工地的不可能犯罪、围绕缺失解谜部分的推理剧本进行的讨论和被劫大巴上的命案都是所有相关者置身于同一个空间，并且和我有过对话。所以嫌疑人如果是那几起案件的相关者，应该会认定必须和我置身于同一个空间并和我说话，才能受到华生力的影响。

　　"唯独发生在国际航班上的注射器毒杀案不一样。推理出真相的机长身在驾驶舱，与我所处的空间隔着一面墙，但他还是受到了华生力的影响。换句话说，机长有可能通过那次的经历意识到，哪怕隔着墙壁，哪怕不跟我说话，也能享受到华生力的作用。所以我认为，机长很有可能就是囚禁我的人。"

　　"原来是这样啊。我是因为在洋房旁边产生了头脑清明的感觉，这才意识到你的力量是可以穿透墙壁的，但如果只有民宿的经验，我肯定会认定必须和你待在同一个空间里才会被你的力量影响。确实只有那位机长才敢确信你的力量能穿墙。"

　　接着，亚美用感慨万千的语气说道：

　　"不过真亏你能推理出他的身份。我还以为你只能让华生力作用在旁人身上，自己是不会推理的，没想到你的推理能力也不赖嘛。"

"呃，多谢夸奖。"

说到这里，亚美端正坐姿道：

"民宿那起案子让我尝到了推理的甜头，所以我本想递申请调去搜查一课的。但想来想去，还是决定不去了。"

"那真是太遗憾了。"

"因为我之所以能推理出那么多东西，都是因为有你在啊。就算我调去了搜查一课，也不一定能进你们三组。进不了三组，推理能力就上不去。就我这水平，在搜查一课肯定是混不下去的。"

说"是哦"未免尴尬，所以和户只能露出模棱两可的微笑。

"所以啊，我想了个好主意。"

"什么主意？"

亚美狡黠地笑了。

"我们可以合伙开家侦探社呀！你的华生力，加上我的体能和格斗技术，再难的案子都能轻松搞定，还怕没生意做吗？你说怎么样？"

读客®
悬疑文库

认准读客读悬疑，本本都是大师级。

专注出版中、英、美、日、意、法等世界各国各流派的顶尖悬疑作品。

为读者精挑细选，只出版两种作品：
经过时间洗礼，经典中的经典；口碑爆表、有望成为经典的当代名作。

跟着读客悬疑文库，在大师级的悬疑作品中，
经历惊险反转的脑力激荡，一窥人性的善恶吧。

扫一扫，立即查看悬疑文库全书目，
收集下一本精彩悬疑！

请便。

推理是每个人都享有的权利。

ワトソンカ